13月亮曆
豐盛流年關鍵

解讀52生命城堡的人生劇本，
與宇宙能量同頻共舞

13 MOON CALENDER
THE KEY TO ABUNDANT YEAR

陳盈君——著

目錄

II 第2部

地球家族與個人流年

III 第3部

52流年命運城堡

IV 第4部

能量盤變化應用

推薦序

朱衍舞

在13月亮曆的跨維度編碼系統中，我們的生命旅程被視為一個包含深邃智慧與多重循環的旅程。其中，流年系統尤其貼近我們當刻的生命景況，52 年命運城堡則為人生重要的大週期，而 52 這個數字在馬雅傳統中尤為重要，它不僅象徵著天狼星與恆星的週期性迴圈，且這種與宇宙節律相互呼應的時間架構，不僅體現在馬雅人的金字塔建造上，更被整合到 13 月亮曆裡，個人生命的藍圖中——「52 年命運城堡」。

透過這本書，作者深入剖析了 13 月亮曆中的流年系統，以及 52 年命運城堡的藍圖視野，協助讀者揭開生命藍圖的面紗，從出生到生命完整週期的各個階段，為我們提供了探索自我、看見自身潛能的途徑。無論是靈魂誕生時所選擇的起點，還是在人生旅途中遇到的挑戰與成長契機，都能在這套系統中得到一個清晰的指引。

願這本書的智慧光芒，照亮每一個尋求靈魂圓滿的時間旅人，活化每一個人，在認識自己旅程中的種種印記與潛在可能，並且以愛的熱能，幫助自己憶起本源的我們。

願這份宇宙智慧的結晶，跨越語言與文化的疆界，觸及更多早已準備好，揭開心靈奧祕的時間旅人，從而翻開自己的答案之書，徹底實現從迷霧中清晰解脫的生命盛況。

IN LAK'ECH ！ ALA K'IN。你是我，我是另外一個你。

亞洲時間法則創辦人 / 朱衍舞

星際旅人 Kin15 / 月亮的藍鷹

推薦序

游湧志（阿光）

曆法，是人類理解天地運行所發展的應用科學，理應呈現人與外在環境的和諧關係，能使人們各自安好的過日子。我們熟知的農民曆，便是以適當的農耕時間來安排生活，為了因應不同的生活環境，不同族群使用不同曆法是再自然不過的事。

現今使用的西洋曆法，連結工資、工時、計算……等概念，進而發展出「時間就是金錢」的價值觀。如同坊間成功學重視時間管理，鼓勵人們制定生涯規劃，完成每個人生階段該做的事。只是，為什麼不是去完成想做的事呢？ 察覺我們使用日曆的習慣，記錄著密密麻麻的代辦事項，提醒各種會議、社交聚餐、入薪日以及各種帳單的繳費期限。原來是這些項目的重複堆砌，成為你我生活的樣貌，同時也是築起時間牢籠的基石。

事實上，我們無法在使用西洋曆的同時，根本性的改變自己的生活，唯有越獄才能逃離時間的牢籠。這就如同台灣歷經三十年的教改運動，嘗試改變填鴨式教育，但戴在頭上「勤能補拙」的緊箍咒，仍使我們無法察覺西洋曆法隱藏的競爭意識。我想，辨識一套曆法是否帶著神聖意圖是重要的。因為，使用什麼曆法就創造什麼樣的世界，也意味正在過著什麼樣生活。

其實，使用一套全新的曆法系統，像極了台灣的實驗教育，它不使用國立編譯館的課本，有意識地放下單向度的評價方式，不是為了進行體制內的改革。而13月亮曆所打開的神聖空間，如同實驗教育現場接受多元的知識渠道，其中關於圖騰、調性、顏色、Kin數字以及波符，引領我們用不同的視角來探索，迎來不同以往的世界觀，看見生命的完整性與自我價值。

我選擇用實驗教育來比喻，是因為站在第一線的盈君，身上所散發的生命熱情，仍然有來自星際馬雅的想望。我認為，盈君是13月亮曆最適合的引路人，陪伴我們直到遇見天賦。同時是諮商心理師的她，深刻明白「所有的關係都是與自己的關係」，這次她接引下來《13月亮曆豐盛流年關鍵》。我耳邊彷彿聽見她的叮嚀，輕聲說道：「我們與天賦相遇後，以創造的奧祕全新綻放。但請別忘了！看顧心裡那一座城堡裡的關係花園。」

廣播金鐘獎主持 / 游湧志（阿光）

推薦序

Rebecca

很高興又看到盈君分享將自己在13月亮曆的教學經驗，出版《13月亮曆豐盛流年關鍵：解讀52生命城堡的人生劇本，與宇宙能量同頻共舞》一書。謝謝盈君的邀請寫推薦文，看到書稿時感受到她的用心，謝謝她持續分享13月亮曆法，讓人們知道怎麼遵循這自然的曆法來讓自己的生活過得幸福，以及讓人們懂得為自己解密，知道自己原有的天賦能力！

不免俗的聊一下跟盈君的緣份。我們是由Kin100「黃太陽太陽」的芮寧小太陽老師的連結安排，在Kin164「黃銀河種子」年NS1.26年，西元二〇一三至二〇一四年開始在台中左西分享13月亮曆。二〇一三年是全新週期開始的七道太陽意識光束階段的第一年，Kin164「黃銀河種子」在盈君的生命波符裡，以及馬雅Pacal Votan的引導，而盈君的另一半是Kin108「黃自我存在星星」，代表「GM108X」——星際訊息的傳輸，也是我的完美隱藏推動！ 盈君的Kin與另一半的Kin相加相融合的能量則是Kin11「藍光譜猴」，Kin11，是創立時間法則基金會的荷西．阿圭列斯的星系印記，他在Kin34「白銀河巫師」一九八七年開始推動分享13月亮曆，而二〇一三年的Kin164「黃銀河種子」這一年「剛好」是第二十六年，也即是Kin34印記左邊所謂的「挑戰」位置，也即強化擴展一九八七年的「白銀河巫師」這一年！

是不是覺得很「巧合」？這不會是剛好與巧合的，當您開始認識時間法則13月亮曆後您會慢慢了解到原來我們所看到的「巧合」其實一切都是「共時」，是宇宙的巧妙安排，不然不會相遇，而其中也都有密意。

聊聊現在使用的西元曆，它是四百多年前所創的人為曆法，只記錄劃分了時間日期、地球繞行太陽一圈三六五天，一年十二個月，一小時六十分鐘，但並沒有與星象自然週期融合在一起，因而創造了12:60的頻率，一個框架與「時間就是金錢」的信念架構；然而「時間並不是金錢，時間是藝術！」時間是當下垂直線並非是往前的直線性結構。時間是您看不到的放射狀時間原子，來自銀河中心，充滿整個地球整個銀河系空間的能量，因此事實上在每一天都有非常多的力量能量訊息可以使用，而且含藏著很多的可能性，事情並非只有一個答案一種說法做法。而事實上月亮繞行地球一年有十三圈，一圈二十八天，13×28=364+1無時間日=365天，13:20頻率由十三個調性音頻，二十個太陽圖騰組成，13×20=260，260天的銀河共時場。

在您出生的那天，您也同步擁有了當天來自銀河系的能量訊息密碼，事實上您有與生俱來的天賦。當您開始學習使用13月亮曆，透過每日能重新激活我們身體裡面的DNA、提升意識頻率、並且恢復心想事成的能力、以及心電感應力，你會憶起自己是誰。而這本書能協助您解開您52年生命的神諭預言力量，活出屬於您藝術優雅美的豐盛富足人生！與地球一起進入五次元～太陽黃金世紀。

回歸自然時間之流，回到安然與從容，回到您本有的和諧、回歸您自身本有的愛，認出你是很棒的個體，並明白我們是一體，從不曾分離。

成為自己的光，就能照亮自己與別人的生命，因而照亮這個世界！世界將會因為您而和平！別小看自己，請相信您活的幸福喜悅很重要，因為您正影響著這個世界。

一切都在時間法則的密碼裡！在13:20的卓爾金銀河共時場裡！

「成為你自己的光！」——釋迦牟尼佛

「神愛世人！」——耶穌

「一切都是完美的，愛每一個人，不要怨懟任何人，上帝祝福著每個人！」——荷西·阿圭列斯

最後祝福您

愛自己，愛所有一切

因為，In Lak’ech ！
（馬雅語：你是我，我是另外一個你！）

宇宙曆作者之一/Rebecca Kin153「紅行星天行者」
NS1.37.3.16 Seli，Kin90「白水晶狗」日，西元2024/10/5

推薦序

凱西。Lavila

生命迷離，卻有序開展

知其序，便能在迷離有序中，自在流動

「我們必須時常進入自己，來重建與自我的連結。」榮格在《紅書》裡的這短短一段話意義深遠。我們唯有與自己真實深密的連結，才能與別人建立心與心的連結,也才能觸接到這世界的真實。

讀著盈君老師的這本《13月亮曆豐盛流年關鍵》，對書裡很多的闡述深有共鳴，書中的第一句話（作者自序）已直擊靈魂：我們的靈魂重返地球，往往是因著那一份「愛的圓滿」之渴望與經歷而來。若用榮格的語言就是「完成個體化」。

個體化是潛在自性（Self）的實現過程，充分的個體化是發展目標以及「成為我是什麼」，而不僅僅是頭腦上的理解「我是誰」。每個人的內在都有實現個體化與成為自己的動力，一如一朵玫瑰花的種子已內蘊開出玫瑰花的全部元素，然而，只意識到自己是顆種子是不夠的，是花就要開花，是樹就要成樹，再深刻的思想，如果沒有將之實踐，就無法體現思想的本真。

個體化歷程中的每一階段和每一過渡期，都有其特定的挑戰課題，能認出課題並予以自我鍛鍊，激發潛能，直面挑戰並勇於穿越的人，都是生命的智勇者。一次次的穿越，都為生命帶來一層層的向上擴展，而生命就在這層層的螺旋進展中，完成馬斯洛所說的自我實現與自我超越。

這英雄之旅般的歷程，除了依循內在指引，我們可以善加利用由高維智慧集成的引導系統，來讓自己隨時能校準對頻，確認航向此生的至高目標。這本13月亮曆流年專書，有著來自天狼星智慧的流年訊息，就是一套相當完整多維的靈性航導圖。

讚嘆盈君老師二十幾年在心理諮商領域的深耕專業，與靈性成長的內悟力寫下的這本書，非常有別於坊間，「術性」或「工具」濃厚並側重趨吉避凶的流年書籍。這本13月亮曆的書寫，字字閃爍著慈愛智慧的光芒，字字都在諄諄引導每個讀者，看到自己的資源，看到自己的光點，看到自己的價值，看到自己的無限可能！

知命者不怨天，知己者不怨人。人人皆有流年，每一個流年都是生命中的流金歲月，有著此生唯一、無法再現的獨特風景。

知道並悅納自己歲月的四季光影，就能此心安住。

在安住處看見天地、看見眾生、看見自己！

凱西。Lavila
凱西晴心光中心負責人
凱西光碼數字學＆光的課程教學

作者序

我們的靈魂重返地球，往往是因著那一份「愛的圓滿」之渴望與經歷而來。

在自身的生命藍圖中，為自己寫契約腳本的同時，背後有著大宇宙愛的共同創造，更是共時的創造。

地球不是孤立在宇宙中的星球，而是一顆讓靈魂可以一再返回，
以經歷其未圓滿的願望，並實踐思想層面之創造力的美麗星球。
（光的課程，行星七）

於是，我們攜帶著整組的生命藍圖，包含了從出生與流年之所有印記與編碼，替自己安排了此趟星際的旅程，當我們拿到了這一生的入場券，就有此絕佳好機緣來經歷這一年又一年的藍圖，這一切，都是為了重新憶起並認回自己的所有，達到最終的生命完整。

自己點亮光點：有資源可以用、發掘優勢、讚賞、有光點。

要為自己的生命點亮更多光點，首先需要了解自己有哪些資源可以使用。這包括個人的天賦才華與特質的了解，透過知道自己的資源，能幫助我們更好地認識自己，並找到自己的優勢和亮點。

認識流年優勢，可以幫助我們更深入地了解自己「每一年」的優勢和潛力在哪裡。透過了解流年優勢力量，我們可以找出自己在這一年當中，可能

會面臨的機遇和挑戰，以及如何運用自己的資源來應對這些情況。了解自己的優勢和潛力，可以增強自信心，並幫助我們更好地發掘自己的生命亮點。

讚賞自己，也是點亮生命光點非常重要的一環。我們學會欣賞自己的成就和努力，並對自己的優點給予肯定。透過正面的自我評價和鼓勵，我們可以增強自信心，並找到自己生命的亮光點。

為自己的生命點亮更多光點，我們需要認識自己的資源，了解自己的優勢和潛力，並學會欣賞和肯定自己。透過認識流年優勢，我們可以更好地發掘自己的生命亮點，並在生活中煥發出更多的光芒。

強化自我價值

了解自己每一年的流年優勢是一個強化自我價值的重要方法。通過瞭解流年的機遇和挑戰，我們可以增加信心，因為我們知道自己擁有應對困難的能力。了解流年優勢還可以提升自我價值，因為我們能夠意識到自己在某些方面的優勢和才能，從而更好地發揮自己的潛力。

此外，了解流年優勢還可以減少徬徨不安的焦慮與迷失。當我們知道自己面臨的挑戰和機遇時，就能夠更加從容應對生活中的種種情況，減少對未來的擔憂和不安。這種心理上的平衡和穩定有助於我們更好地應對生活的挑戰，並保持積極的心態。

了解流年優勢不僅僅是為了個人成長，還可以幫助讀者意識提升、轉化思維與心性。通過觀察自己每一年的流年優勢，我們可以更清晰地看到自己的成長軌跡，從而意識到自己的潛力和可能性。這種意識的提升可以幫助我們更好地理解自己和他人，從而建立更加健康和積極的人際關係，以及更有意義和目標的生活。

了解自己每一年的流年優勢是一個重要的心法練習，可以增加信心、提升自我價值，減少焦慮與迷失，同時幫助意識提升、轉化思維與心性。這種心法練習不僅可以促進個人成長，還可以建立更加積極、健康和有意義的生活。

看見自己的生命藍圖，感受大宇宙與小宇宙合一的共時安排，認出愛的學習課題，完整且圓滿生命。

從單一點的個人流年印記出發，到達理解個人流年整條波符走向，一路往上攀升到整個城堡的高維視角。不僅僅知道自己的位置，更能踩穩後再往上跨越，讓走在生命道路的每一步都充滿力量。

讓生命自由，找到寬廣之路跳脫框架

在生命探索的道路上，透過13月亮曆法的學習系統、觀看流年的角度，能有助於我們看清「為何迷失方向？是什麼導致忘記真實自己？看不清本質的原因？」

13月亮曆的流年觀看，整合了我在心理諮商領域與靈性成長領域的經驗，在服務的道路上，提供給學習者、個案、尋求幫助的朋友們、靈性道途中的兄弟姊妹與家人們一個探索的方向。

而我最常提醒的，也請記住，這些系統並不是要以標籤框架我們，或只是又將自己放入另一種制約的盒子中。透過曆法告訴我們自己的真實本質到底是誰，重點是要提醒我們知道「自己所設下的限制」有多少！

讓我們看到自己是待在哪一個盒子裡，並替自己的生命找到出路。

因此，認識自己的人格與程式，是為了讓自己能夠不進入這些慣性之中，進而停止所謂的慣性反應。接著，認回基礎設定的資源配備，最終是要能「超越這些所有程式」。

慢慢會知道：我可以是這樣、也可以是那樣，充滿自由與創造性。

看見且看懂、才不會被牽著鼻子走，也能擁有更多更大的自由！

許多人學習任何一個系統與課程，會迷失在這個「過於認同」的歷程中，反而會拿這些標籤來標籤自己、而失去了力量。

而我想說的是，莫忘靈魂的本質：渴望創造與自由！

看清晰，對自己有更多理解，明白自己的挑戰與困境，並知道自己有哪些資源配備可以使用。

「OK ～我知道了！我可以辨識、不讓慣性反應帶走、我是自由的！」

我，深深的被曆法的愛給啟發，相信你們也能在同行的道路上一起收穫愛與豐盛。

祝福大家在生命旅程中，玩得開心！
IN LAK'ECH

我是星際旅人Kin163共振藍夜
陳盈君 寫於台灣

第1部

I

個人流年

流年是什麼？

流年是指特定一年之間的徵兆或能量展現狀態。認識流年運勢的好處，包括了解自己在該時期可能會面臨的機遇和挑戰，以及如何更好地應對和把握這些機遇。了解流年運勢的具體步驟和行動，通常包括理解自身狀態，及大環境的互相對應，並根據分析結果做出相應的生活和事業決策。

個人流年，指的就是以「自己生日當天開始」運行一整年的能量展現。

流年可以應用的方面

- 學習流年能量盤，能看見優勢、穿越過往局限、認出生命藍圖愛的徵兆、洞燭先機。
- 學習流年優勢，指引自己的生活方向、給予自身引導。對內在理解自己，在關係與事業發展中做出正確的決策。
- 實踐應用流年優勢的訊息和洞察力，提高生活品質和幸福感。

我的老師Ana，在一開始把系統帶入台灣時，有提醒大家：

「這套系統，比算命還準，但不是算命，不要把這些密碼解密變成算命了！」

為了方便說明，全書仍選擇使用「流年」兩字（方便與大眾溝通的語言）。

而流年的意涵，真正想要說的是：調頻校準自己的當年優勢力量，發現光點，強化自我價值，讓自己看懂程式編碼的設計後，能夠超越編碼，獲得真正的生命力！

流年順序：圖騰與調性之循環規則

流年圖騰：排列是基於自己個人地球家族中的「紅、白、藍、黃」圖騰的順序，依次循環。只有四個圖騰重複循環。(詳細內容會在第3部52流年命運城堡做深入討論)

流年調性：每年對應一個調性，從1磁性到13宇宙。

1磁性(Magnetic)

2月亮(Lunar)

3電力(Electric)

4自我存在(Self-Existing)

5超頻(Overtone)

6韻律(Rhythmic)

7共振(Resonant)

8銀河星系(Galactic)

9太陽(Solar)

10行星(Planetary)

11光譜(Spectral)

12水晶(Crystal)

13宇宙(Cosmic)

學習流年盤看見優勢力量

我們學會如何觀看流年能量盤，對自己的幫忙及協助是什麼呢？

首先，帶給生命強大的轉化力量，能避免一再落入慣性模式，跳脫舊有局限。

大家或許都有這種經驗，生命中總會有一直出現重複循環的事件發生，來讓我們學習並穿越某一個課題。

這些生命軌跡，在流年能量盤當中就會看得特別清晰。生活事件的發生，引動了我們的無意識層面，來自過去經驗的記憶影響，倘若我們不自覺，就會被這些記憶與情緒帶走，而陷入舊有的回應模式之中。關於這一點，透過流年盤的探索與觀察，可以協助我們突破困境與超越舊有局限。從過去舊有的經驗當中找到資源優勢與力量，看見曾經的自己是如何穿越以及克服困難，知道自己從過去困境中是如何挺過來的，把這樣的資源與智慧繼續帶到現在以及迎向未來，能以不同的方式重新選擇或因應接下來的生活，就是一個人生復盤的概念。

每一個流年循環，小週期的四年循環、中週期的十三年循環、大週期的五十二年循環，都是一股又一股向上螺旋的揚升歷程，帶領我們不斷地以「新的視角、新的理解、新的感悟」來圓滿生命。

同時，透過觀察流年的循環歷程，讓我們看見這些重複循環的生命軌跡，能理解自己並認出這些都是每一份「宇宙的愛及徵兆」，都是神聖的邀請。

在每個印記中，看見自己生命各種可能性的流動，揭露出真實本質、真相的質地是什麼。

這是落實生命藍圖的方式，層層穿越，能識破那些無法覺醒的部份。

透過印記、波符、城堡的指引，讓我們轉身迎向真正能覺醒的真如生命。

更加落實生活的是，藉由探索個人流年能量盤，不僅可以知道生日當年能量如何展現，還能知道有何優勢頻率、給予生活指引出當年道路的路標，以最「對準頻率」的方式來展現這一整年，善加發揮天賦力量，把握機運，乘風順流而行。

從波符到城堡，更全觀的理解

波符是什麼

波符是我們行走的道路，每一條道路都標配有十三個Kin印記。

當我們能夠看見並認出「路標與道路」，就會對自己更多了一份信心和勇氣。 知道如何把這個天賦發揮得更好，讓生命不僅是走在對的方向與路上，更知道能讓生命一步一步的往前發光。

出生主印記的波符＝生命道路

找到自己在13月亮曆法中「主印記波符」所在之處，就是找到自己的生命道路。 透過生命道路探索，就是可以讓生命產生火花的前進方向。

流年波符＝流年主印記的波符＝當年的優勢道路

找到自己「當年生日主印記波符」所在之處，就是找到當年的優勢道路。活出並實踐「流年波符」，也就是活出「阻力最小之路」的力量，能夠輕鬆順流地活在宇宙共時的導航與最佳安排之中。

城堡是什麼

這裡的城堡指的是地球家族的「52年流年命運城堡」，是完整的生命地圖。

以全觀的視角，來完整呈現生命藍圖，一個印記代表一年。

一座城堡有十三個印記，紅（東）、白（北）、藍（西）、黃（南）各一。

4座城堡 ×13個印記 = 52個印記，形成一個完整的「52年流年命運城堡」。

第1章

個人流年盤

個人流年，是以個人「生日當天」的主印記為「起始點」。

這個流年主印記，是當年最重要的主題力量。

而每一個流年都會有其關鍵優勢，需要搭配圖騰與調性一起來理解。

找出流年印記

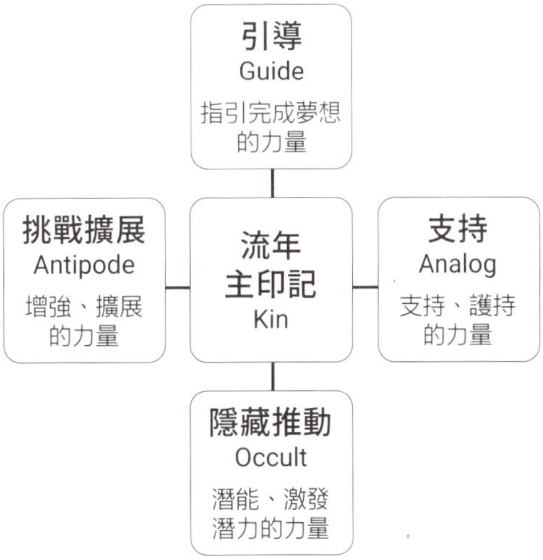

透過畫出流年主印記、五大神諭、先勾勒出這一年的長相，再從印記到波符（整條波符畫出來）串連出整條當年的脈絡路徑，就能開始逐步發掘，並展開自己的當年優勢配備。

流年，就是以自己的「生日」當天做切點，生日這天的星系印記，就會是接下來你一整年的主要能量，我們稱為個人的「流年主印記」。這個星系印記的能量會支持你一整年，直到下一年的生日前一天為止，因此，每年的生日就是切換新的流年能量的日子。

接下來，我們用四月十五日這一天出生的人來示範如何計算流年能量盤：

STEP 1

找出「流年區間」，以這一年的生日為起始日到隔年的生日前一日，將日期列出來。

➡2025年4月15日至2026年4月14日的流年

STEP 2

找出流年起始日當天的星系印記。

◉從年份表找到出生年份對應的數字。

➡2025年對照出生年份欄位，可找到數字177。

◉從月份表找到出生月份對應的數字。

➡4月對照出生月份欄位，可找到數字90。

◉出生日期的數字

➡生日為15。

◉算出以上3個數字總和

➡計算方式＝年份數字＋月份數字＋日期

177+90+15=282

◉算出個人流年Kin

➡如果前一步總和數字小於或等於260，這個總和數字就是個人流年Kin。

如果前一步總和數字大於260，這個總和數字減去260就是個人流年Kin。

282大於260，個人流年Kin即為282-260=22。

◉找出流年主印記

➡在卓爾金曆中上找出前一步的個人流年Kin，往左查找，找到流年主印記調性圖騰。

➡2025年4月15日的流年主印記：Kin22太陽白風 

年份表

出生年份	數字	出生年份	數字
2117、2065、2013、1961、1909	217	2091、2039、1987、1935、1883	87
2116、2064、2012、1960、1908	112	2090、2038、1986、1934、1882	242
2115、2063、2011、1959、1907	7	2089、2037、1985、1933、1881	137
2114、2062、2010、1958、1906	162	2088、2036、1984、1932、1880	32
2113、2061、2009、1957、1905	57	2087、2035、1983、1931、1879	187
2112、2060、2008、1956、1904	212	2086、2034、1982、1930、1878	82
2111、2059、2007、1955、1903	107	2085、2033、1981、1929、1877	237
2110、2058、2006、1954、1902	2	2084、2032、1980、1928、1876	132
2109、2057、2005、1953、1901	157	2083、2031、1979、1927、1875	27
2108、2056、2004、1952、1900	52	2082、2030、1978、1926、1874	182
2107、2055、2003、1951、1899	207	2081、2029、1977、1925、1873	77
2106、2054、2002、1950、1898	102	2080、2028、1976、1924、1872	232
2105、2053、2001、1949、1897	257	2079、2027、1975、1923、1871	127
2104、2052、2000、1948、1896	152	2078、2026、1974、1922、1870	22
2103、2051、1999、1947、1895	47	2077、2025、1973、1921、1869	177
2102、2050、1998、1946、1894	202	2076、2024、1972、1920、1868	72
2101、2049、1997、1945、1893	97	2075、2023、1971、1919、1867	227
2100、2048、1996、1944、1892	252	2074、2022、1970、1918、1866	122
2099、2047、1995、1943、1891	147	2073、2021、1969、1917、1865	17
2098、2046、1994、1942、1890	42	2072、2020、1968、1916、1864	172
2097、2045、1993、1941、1889	197	2071、2019、1967、1915、1863	67
2096、2044、1992、1940、1888	92	2070、2018、1966、1914、1862	222
2095、2043、1991、1939、1887	247	2069、2017、1965、1913、1861	117
2094、2042、1990、1938、1886	142	2068、2016、1964、1912、1860	12
2093、2041、1989、1937、1885	37	2067、2015、1963、1911、1859	167
2092、2040、1988、1936、1884	192	2066、2014、1962、1910、1858	62

月份表

出生月份	數字
1月	0
2月	31
3月	59
4月	90
5月	120
6月	151
7月	181
8月	212
9月	243
10月	13
11月	44
12月	74

調性對照表

數字	符號	調性
1	•	磁性
2	••	月亮
3	•••	電力
4	••••	自我存在
5	—	超頻
6	• —	韻律
7	•• —	共振
8	••• —	銀河星系
9	•••• —	太陽
10	— —	行星
11	• — —	光譜
12	•• — —	水晶
13	••• — —	宇宙

引導圖騰對照表

卓爾金曆

1 紅龍	1	21	41	61	81	101	121	141	161	181	201	221	241
2 白風	2	22	42	62	82	102	122	142	162	182	202	222	242
3 藍夜	3	23	43	63	83	103	123	143	163	183	203	223	243
4 黃種子	4	24	44	64	84	104	124	144	164	184	204	224	244
5 紅蛇	5	25	45	65	85	105	125	145	165	185	205	225	245
6 白世界橋	6	26	46	66	86	106	126	146	166	186	206	226	246
7 藍手	7	27	47	67	87	107	127	147	167	187	207	227	247
8 黃星星	8	28	48	68	88	108	128	148	168	188	208	228	248
9 紅月	9	29	49	69	89	109	129	149	169	189	209	229	249
10 白狗	10	30	50	70	90	110	130	150	170	190	210	230	250
11 藍猴	11	31	51	71	91	111	131	151	171	191	211	231	251
12 黃人	12	32	52	72	92	112	132	152	172	192	212	232	252
13 紅天行者	13	33	53	73	93	113	133	153	173	193	213	233	253
14 白巫師	14	34	54	74	94	114	134	154	174	194	214	234	254
15 藍鷹	15	35	55	75	95	115	135	155	175	195	215	235	255
16 黃戰士	16	36	56	76	96	116	136	156	176	196	216	236	256
17 紅地球	17	37	57	77	97	117	137	157	177	197	217	237	257
18 白鏡	18	38	58	78	98	118	138	158	178	198	218	238	258
19 藍風暴	19	39	59	79	99	119	139	159	179	199	219	239	259
20 黃太陽	20	40	60	80	100	120	140	160	180	200	220	240	260

STEP 3

依此類推，可以找出任何一年的流年能量。

➡例如：找出2014年的流年盤，就查2014年4月15日當天的星系印記即可。（更宏觀的52流年盤，又稱52流年命運城堡，請見第3部）。

善用流年能量

1. 這天開始的能量，會影響自己一整年，可以學習並活用「流年主印記」的優勢能量。
2. 畫出流年星系印記組合盤的五大神諭，對照自己的引導、支持、隱藏推動、挑戰擴展。
3. 畫出流年的波符能量，帶出十三個問句與答案的生命道路，看懂當年關鍵的十三個印記提醒。
4. 找出調性的力量動物，與力量動物學習或者連結。連結的方式可以穿戴相關圖案的飾品或衣服配件，也可以把力量動物圖片放在顯眼常見的地方，例如手機或電腦桌面，想想看：「這個動物可以讓我學習什麼？」
5. 直到隔年生日當天切換成新的能量。可以在生日即將來到之前，依照上述方式，開始為新的一年做準備。

第2章

解讀流年盤

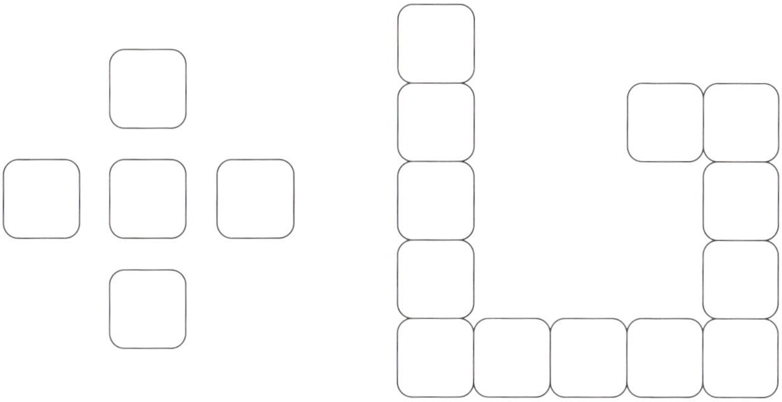

＊用附錄的空白表格來繪製自己的流年印記與波符。

流年主印記的優勢能量

流年主印記的圖騰及調性，代表了一整年最能發揮的天賦才華與特質，宇宙會給你什麼配備與力量，以及要學習的主題。如果你出生的主印記與流年印記「相同圖騰」或「相同調性」，那更是回到你自己原本的天賦之中去提取資源，自帶天賦力量去經歷這一年的體驗。

1. 圖騰是什麼？關鍵字是什麼呢？你要學習什麼，可以發揮什麼天賦？
2. 調性是什麼？關鍵字是什麼呢？問句是什麼？要跟什麼力量動物學習？學習哪些優勢力量？

3. 今年有什麼計畫要開展嗎？這個圖騰要帶給你什麼訊息或啟發呢？

示範案例

以前一章計算出來的Kin22太陽白風為例

在白風流年的太陽調性9中，學習豹的力量將幫助你發展敏捷、專注和果斷的特質。這一年，你需要清晰地設定意圖，快速而精準地行動，並在靜觀與果斷之間找到平衡。豹的智慧和力量將成為你強有力的指南，幫助你快速實現目標，並在實現過程中保持靈活和高效。

圖騰是白風可發揮的天賦

- ○表達內心的想法：在白風流年，最重要的課題之一是學習如何真實、清晰地表達內心的想法。釋放表達上的恐懼，停止過度在乎他人的看法，敢於展示自己的真實意念和感受。
- ○善意的語言：另一個重要的學習課題是練習使用善意的語言、正向語言。白風流年的人說話容易成真，因此要特別注意停止批判自己和他人，並學會使用正向肯定句來激勵和滋養自己與他人。
- ○溝通與連結：加強與他人的溝通、建立很有情感共鳴的人際互動，透過深入的交流來建立更強的連結。這不僅有助於解決問題，也能促進彼此之間的理解和合作。
- ○靈性探索：在這一年，你將探索靈性的深度、進行心靈層面的分享，學習如何將內在的智慧轉化為日常生活的行動。這包括冥想、靜心、閱讀靈性書籍等，提升自我的靈性成長。

調性是9太陽

- ●關鍵字：意圖、實現、脈動
- ●問句：我的意圖是什麼？我如何將內在的意圖轉化為實際的行動？以幫助我完成目的。

● 要跟「豹」力量動物學習：
  ○ 意圖的明確與行動計畫：豹的敏捷和專注，啟示你要明確自己的意圖，並制定精確的行動計畫。在這一年裡，保持對目標的清晰認知，並確保你的每一步行動都與意圖相一致。
  ○ 迅速反應與適應力：學習豹的迅速反應和適應力，讓你能夠在快速變化的環境中保持靈活。這意味著你需要培養快速決策的能力，並能夠迅速調整自己的策略以應對新情況。
  ○ 平衡靜觀與果斷：豹的行動哲學，啟示你要在靜觀其變與果斷行動之間找到平衡。在面臨重大決策時，先觀察和分析，然後在最佳時機果斷出擊，確保你的行動精確而有效。

流年支持的優勢能量

代表了我們今年在生活中能夠「加分」的力量，也說明了「好好運用什麼特質？多做什麼事情？以這些方式回頭支持自己」，當我們多去做支持圖騰給我們的關鍵力量與活動時，會帶來更多轉化、改變的動力。支持的力量，就像是在身旁護持著你，是來幫你的主印記加分的，並為生活添加更多生命的能量。

1. 圖騰是什麼？關鍵字與學習的課題是什麼？
2. 可以好好運用什麼特質來支持自己？可以多做什麼事情與行動來提升改變的動能？
3. 有沒有認識這個支持圖騰的人呢？可以一起互相支持激勵一下，看看能否帶給你什麼訊息或啟發？

示範案例

Kin22太陽白風的完美支持是Kin217太陽紅地球 

支持圖騰是紅地球

紅地球的支持年，是與地球和自然深度連結的一年，強調進化、導航和共時性的力量。通過學習與地球的連結、順應自然法則和靈性導航，你將能夠穩定而有力地前行。發揮穩定性、協調力和環保意識，並在自然中尋找靈感和能量，這一年將成為你實現深刻變化和成長的重要時期。

支持的圖騰所象徵的配備

- 進化：紅地球象徵不斷地進化和成長，提醒你在這一年要致力於自我提升和發展，無論是在個人、工作還是靈性成長方面。
- 導航：紅地球具備導航的特質，意味著你要學習如何在生活中找到方向，明確自己的路徑，並以穩定和堅定的步伐前行。
- 共時性：共時性代表著你會經歷到許多巧合和同步的事件，這些現象在這一年會特別明顯或者特別頻繁地出現，這些現象往往是宇宙給予的指引，會指引你走向正確的道路，幫助你在合適的時間遇到合適的人和事。

可採取的行動

- 穩定性和實踐力：紅地球的能量強調在物質世界扎根、落地、穩定和實踐。你可以發揮自己的穩定性，設立長期目標並穩步實現。在工作和生活中，保持腳踏實地，注重實際行動和持續努力。
- 與地球連結：學習如何與地球的能量連結，包括在大自然中找到啟發和能量。這可以透過大自然旅行、園藝、冥想等方式實現，讓你感受到與地球的深刻連結。
- 順應自然法則：理解並順應自然的法則和節奏，安排定期的自然之旅或戶外活動，學會在適當的時候行動和休息，尊重自然的循環和自己的生理節奏，這將有助於你的身心健康和整體平衡。
- 靈性導航：開啟你的直覺力、內在感應力GPS導航系統，學會信任自己的內在指引，並在生活中實踐這些靈性導航的指引，讓你的每一步都充滿意義和目的。

流年挑戰擴展的優勢能量

代表了這一年可以協助我們擴展、打開力量、開展那個原本局限的自己，也是協助我們讓自己增強的關鍵頻率。「好好運用什麼特質？多做什麼事情？以這些方式擴展自己的能量」。當我們多活出這股擴展的力量時，我們就更能用無條件的愛來「擁抱」這些挑戰，讓挑戰能成為擴展，蛻變與前進的能量就更能為我們服務。

1. 圖騰是什麼？關鍵字是什麼呢？你要透過這個擴展的力量來學習什麼愛的課題呢？
2. 今年有沒有想要練習跨越自己哪些困境？想要突破自己哪些舒適區？可以透過這個圖騰的提示，好好運用些什麼特質？可以多做什麼事情來幫助自己擴展呢？
3. 有沒有認識這個擴展圖騰的人？可以一起互相擴展一下，看看能否帶給你什麼訊息或啟發？

示範案例

Kin22太陽白風的完美挑戰擴展是Kin152太陽黃人 

挑戰擴展圖騰是黃人

黃人的挑戰擴展能量提醒你在這一年要追求自由、自主和智慧，並通過提升自我、表達自我和影響他人來實現這些目標。發揮你的自由意志、智慧和領導力，採取具體的行動，如創作、學習、表達和建立積極的人際關係，這些都將幫助你在這一年中突破自我限制，實現蛻變和成長。讓挑戰成為你前進的動力，擁抱變化，迎接更大的可能性。

挑戰擴展的圖騰所象徵的配備

- ○自由與自主：黃人的能量強調自由和自主。這一年，你需要打破束縛自己的限制，勇敢追求內心真正的渴望和夢想。發揮你的自由意志，做出真正符合內心的選擇。
- ○智慧與洞察力：黃人具備深刻的智慧和洞察力。利用這一年來增強你的學習能力和理解力，透過閱讀、學習新技能、參加課程等方式，提升並擴大自己的知識系統、心智敏銳度，擴展自己的知識邊界、提升意識維度，並將這些新知識應用到實際生活中。
- ○影響力與領導力：黃人的影響力是強大的。你可以利用自己的魅力和說服力，影響和帶動身邊的人，共同朝著正向的方向發展。這一年，嘗試發揮你的領導才能，無論是在工作中還是生活中，都可以成為他人的榜樣和導師的角色。

可採取的行動

- ○追求自由與創意：給自己空間和時間去探索和創作，無論是藝術、寫作、音樂還是其他形式的表達。讓自己的創意和靈感自由流動，不受傳統框架的束縛。
- ○增強自信與表達：加強自己的自信心，勇敢地表達自己的想法和感受。參加公共演講、寫作和其他表達自我的活動，提升自己的溝通能力和自我表達的能力。
- ○建立積極的人際關係：擴展自己的人際圈，與志同道合的人交流和合作。透過參加社交活動、工作坊和小組討論，建立有意義的連繫，這些連繫將成為你成長和支持的重要資源。
- ○實現影響力和貢獻：利用自己的影響力去幫助他人，無論是透過指導、教學、慈善活動還是其他形式的貢獻。讓你的行動對周圍的人產生積極的影響，並在這個過程中獲得成就感和滿足感。

流年引導的優勢能量

位於組合上方的引導位置，是指引我們實踐夢想的力量。

這個指引可以想像成是「高我」。這個指引是站在比較高的位置來引導我們一整年的。此力量將是協助、指引我們完成人生夢想的關鍵。「我要好好運用什麼特質？多做什麼事情？以這些方式完成夢想。」當我們今年有需要指引的時候，就可以多運用這個圖騰印記的特質、讓我們的觀看視角能創造出新的高度，彷彿指引你一個更清晰的方向，告訴你可以怎麼做。

1. 圖騰是什麼？關鍵字及展現的方式是什麼？
2. 寫一下今年的夢想清單，可以在這一年好好來實踐夢想的力量。透過這個圖騰的引導，可以好好完成它。
3. 找到這個引導圖騰的人。無論他的性別、角色或身分是什麼，都可以跟他聊聊、向他請益，會帶給你新的訊息與啟發唷！

示範案例

Kin22太陽白風的引導是Kin178太陽白鏡 

引導圖騰是白鏡

白鏡的投射與反射能引導你從更高的視角看待自己的人生。通過自省、追求真相、洞察力和接納真實，你可以更清楚地了解自己的內在狀態和外在環境，從而做出更明智的決定。這種高視角的引導，能幫助你實現人生夢想，走向更加充實和有意義的生活。

引導的圖騰所象徵的配備

- 反射與投射：能幫助我們在高處以更全面和清晰的視角看待自己的生活與目標。在這一年會遇到很多事件成為你的鏡子，讓你看到自己內在的投射。當你遇到他人的行為或言語讓你感到不適時，這些感受其實是你內在的某部分被反射出來。利用這些反射，你可以認識並理解自己的內在狀態。

- 真實與誠實：白鏡代表著真實和誠實的力量。在這一年，你需要堅持真實的自我，對自己和他人誠實，這樣才能看清事物的本質，做出最明智的選擇。
- 洞察力與覺察：白鏡有著強大的洞察力，能夠透過表象看清真相。這一年，培養自己的洞察力，練習深度觀察，檢視自己的內心世界和行為模式，從生活中的每個細節中學習和成長。

可採取的行動

- 保持真實與透明：在與人交往和處理事務時，保持真實和透明。避免虛偽和欺瞞，這樣才能建立真誠和可信的關係。讓自己的言行一致，成為一個值得信賴的人。
- 練習深度觀察：學習觀察生活中的細節，練習洞察他人的需求和情感。這可以幫助你更好地理解他人，並在需要時提供真誠的支持和幫助。
- 回顧與反思：每天或每週花一些時間進行自我整理，寫日記或進行靜心冥想，回顧自己的行為和思想。這不僅能幫助你了解自己的內心世界，還能讓你不斷成長和進步。
- 追求真相：在生活中，無論是工作、學習還是人際交往，都要追求真相。不斷學習和探索，提升自己的知識含量和認知能力，讓自己能夠做出最明智的選擇。
- 培養洞察力：閱讀書籍、參加講座和討論，增強自己的洞察力。學習如何從不同的角度看待問題，提升自己的分析和判斷能力，這將幫助你在複雜的情境中做出正確的決策。

當流年遇到調性1磁性、6韻律、11光譜。引導也是自己時，該如何理解呢？

當本年度的引導力量是主印記自己，例如：當年是光譜藍風暴年，引導也是光譜藍風暴。
這象徵著我們將以自身的力量和特質來引導自己的成長。
首先，可以問自己，我內心的智慧與答案會是什麼呢？
我們需要深入了解並接受自己的特質。回到該流年主圖騰之中。例如：它強調的是我們內在的力量。理解這一點，我們應該認識到自己擁有促成改變的能力，並且不再逃避或抗拒變化，而是積極地擁抱它。
接著，進行自我引導與決策。當我們意識到自己是自己的引導者時，我們需要更加自信地做出決策。這意味著我們要相信自己的直覺和智慧，不再依賴外界的意見或指引。學會獨立思考，並且勇敢地按照自己的內心去行動。這種自我引導的過程會讓我們更加堅定和自信。

流年隱藏推動的優勢能量

這個位置位於組合下方，就好像是我們的潛意識，屬於比較內在、隱藏版的力量，也是今年度等待被我們開發的潛能唷！「好好運用什麼特質？多做什麼事情？以這些方式把潛能發揮出來，推動生命、朝向目標邁進」。當我們能夠去活用這股力量時，它就會形成一股向上的推動力，協助我們不僅認回自己，同時認出並實踐人生中更遠大的夢想，也可以把自己隱藏的潛能再次挖掘出來。它就像是火箭的燃料，推動我們的流年主印記，朝向夢想之地（也就是引導的位置）！

1. 圖騰及調性是什麼？關鍵力量與學習課題是什麼？
2. 這是今年的隱藏力量，也代表了今年比較容易忽略的地方，或者無法看見自己其實有這樣的能力。透過這個圖騰，讓我們重新認回自己的力量！拿回潛能，活出潛力！

3.有沒有認識這個隱藏圖騰的人？可以一起互相照鏡子，從對方身上認出自己的力量，可以互動推動一下，看看能否帶給你什麼訊息或啟發？

示範案例

Kin22太陽白風的完美隱藏推動是Kin239超頻藍風暴 

隱藏推動圖騰是藍風暴

藍風暴的能量在這一年中將作為你的隱藏推動力，幫助你適應和接受生活中的變化，釋放內在的壓力和情緒，探索真正的內在自由，並進行全方位的淨化與重生。當你能夠活用這股力量時，它將成為你實現人生夢想的強大助力，推動你向更高的目標邁進。藍風暴的能量就如同火箭的燃料，為你提供源源不斷的推動力，幫助你在這一年中迎接挑戰，實現突破，創造美好未來。

隱藏推動的圖騰所象徵的配備

- 適應變化：藍風暴代表著巨大的轉變與變革。擁有適應變化的能力，能夠在風暴中找到新的方向和機會。
- 能量釋放：擁有強大的能量釋放能力，能在必要時候釋放壓力和負面情緒，讓自己回歸平靜和中心。
- 自由心靈：渴望自由和獨立，不受束縛，勇於打破舊有的框架和限制，追求真正的內在自由。
- 淨化與重生：具備淨化和重生的能力，能夠清除內在和外在的阻礙，讓自己在新環境中重新開始，重新建設新氣象。

可採取的行動

- 接受並擁抱變化：主動尋找新的挑戰和機會，不害怕變革，認識到變化是成長和進步的必要部分。

當面臨不確定和困難時，保持積極和開放的心態，看到變化中的潛在機會。

○釋放負面情緒和壓力：定期進行情緒和心理的釋放，通過冥想、運動或創作等方式來釋放壓力。與信任的朋友或專業人士分享心情，避免情緒積壓。

○探索內在自由：問自己內心真正渴望的是什麼，勇敢追求內心的夢想和目標，不受外界期望的限制。嘗試新的興趣和活動，擴展自己的視野和經歷，發現更多的可能性。

○進行內外在的淨化：定期清理和整理生活空間，保持環境的整潔和舒適，這也有助於內心的平靜。進行內在的自我反思和淨化，釋放過去的負面記憶和情緒，為新的開始做好準備。

○重建與重生：每當經歷風暴般的變化後，給自己時間和空間重新整理和定位，找回內在的力量。認識到每一次的重生都是一個成長的機會，從中汲取力量和智慧，為未來的挑戰做好準備。

流年的內在女神力量

畫出今年的內在女神圖騰，代表今年的圓滿整合力量。

把今年度的星系印記五合一加總起來，就成了「內在女神力量」Goddess-force（簡稱G-f）。

而最能協助我們展現內在女神力的關鍵，就是自己「接納情緒感受並流動愛」那個內在陰性力量，就是女神力量。當你對愛與自由的理解能有新高度、心的頻率就越高，越能展現內在女神力量。

連結內在女神力量，這是拿回陰性力量的主導權。因此，找到並連結內在女神力量的印記，也就是我們內在覺醒最重要的練習。

今年度的女神力量，代表了當我們活出整組流年印記全部的能量，也就是啟動了這個五合一的能量時，我們將會成為圓滿的女神頻率。

示範案例

Kin22太陽白風的內在女神力量G-f是Kin28月亮黃星星

Kin28月亮黃星星來自藍手波符，強調實踐與練習，若要展現流年的女神力量，需要我們保持對情緒和感受的覺察，並透過各種具體的方式（實際在生活中可以做到的方式）來連結內在的陰性能量、與內心情緒感受連結。例如：透過創意表達、自然療法、自我照顧等方法，我們可以啟動並展現這股強大的能量，最終實現內在的覺醒和心靈的自由。當我們能夠全面活出這些能量，我們將成為圓滿的女神頻率，擁有無限的愛與力量。

可採取的行動

- 表達與創造：創意活動，參與藝術創作，如繪畫、寫作、音樂或舞蹈，這些活動能激發你的創造力，幫助你表達內心的感受和想法。
- 愛自己的練習：定期進行自我照顧活動，給自己一些放鬆和享受的時間。這可以是泡澡、按摩、閱讀喜愛的書籍等。
- 連結內在陰性能量之冥想與靜心：每天花幾分鐘進行冥想或靜心，專注於自己的呼吸和內心的聲音，這能幫助你連結內在的陰性能量，找到內心的平靜與力量。
- 自然連結：經常接觸大自然的美麗環境，如散步、園藝或野外旅行，這能幫助你回歸本源，感受到內在的神聖陰性能量。
- 實現與完成：設定可達成的目標，將大目標分解成小步驟，每天完成一些小的目標，逐步實現你的大目標，這能幫助你感受到成就感和滿足感。
- 持續行動：保持持續的行動力，無論目標多大或多小，每天都要有所行動。這樣可以保持動力和方向，逐步達成你的目標。

「流年盤」與「個人盤」解讀的差異

個人能量盤，先天配備的自然校準版：以出生當天的印記爲設定，是整個人生的表現與影響，聚焦在個人天賦特質與整體展現上。

流年能量盤，當年優勢配備的共時校準版：以當年生日的印記爲設定，影響那一年的優勢表現，更會顯現出當年的獨特課題、共時的際遇、情緒及人際關係的共振、生活決定的安排與行動策略。因此，更強調「與生命此刻階段當下的回應」，有每年切換不同頻道、拿不同配備的概念。

第3章 流年調性的主題

走到這個流年，需要注意些什麼？整年度的重點是什麼呢？

【調性1】磁性流年——我的目的是什麼？

What is my purpose?

今年的方向。這一整年的靈魂目的、前進的目標、想要吸引什麼、今年的使命和任務最重要的起始點。

- 課題：在磁性流年，我們探索今年的方向和靈魂的目的，尋找前進的目標和想要吸引的事物。這一年是設定基調和確立使命的關鍵時期，是重要的起始點。
- 今年的重點：靈魂目的是深入探索自己內在的渴望和目標，並且在這個過程中找到真正驅動你的力量。這是一個重新校準內心羅盤的時刻，讓你能夠更加清晰地看到自己的使命和方向。保持積極的心態，相信自己能夠吸引到與目標相符的能量和機會。練習吸引法則，讓宇宙中的正向能量流入你的生活。制定具體的行動計劃，並付諸行動。保持專注和堅持，不斷朝著目標前進。
- 學習蝙蝠發展直覺，蝙蝠依靠高度敏銳的感官導航，象徵強大的直覺力。學習蝙蝠的力量，就是信任你的直覺並運用它來做出決策。

【調性2】月亮流年——我的挑戰是什麼？

What is my challenge?

今年的挑戰。這一年可能會遇到的黑暗面，包括心理陰影、比較容易挑起二元對立的，比較恐懼的方面是什麼？

- 課題：在月亮流年中，我們面臨的挑戰與陰影部分更加突出。這一年將帶來內在深層的考驗，協助我們面對和解決內心的恐懼與二元對立。
- 今年的重點：月亮流年會揭示我們深藏的心理陰影，這些陰影可能是未解決的情感創傷、未面對的恐懼或壓抑的情緒。這些陰影將在今年變得更加明顯，協助我們去正視和處理它們。這一年是進行情感療癒的好時機。通過面對和處理過去的創傷，我們可以釋放積壓的情緒，獲得內心的平靜與和諧。
- 學習蠍子變革與重生，展現蠍子的力量，就是學會在困難和挑戰中找到重生的機會。接受生活中的變化，並從中找到成長的契機，活出平衡的一年。

【調性3】電力流年——我要如何給予最好的服務？

How can I best serve?

今年服務的品質。這一年最重要的、想給出的內在品質是什麼？

- 課題：在電力流年中，我們的焦點是如何為自己及他人提供最佳的服務，提升服務的品質和效果。
- 今年的重點：今年的目標是提升我們的服務品質，無論是在工作中還是日常生活中。我們尋找如何以最佳的內在品質與外在行動去幫助他人，發揮自己的專長和能力，替自己的生活與為他人帶來正向積極的影響。

- 學習鹿的溫柔、謙遜、敏捷和勇氣。我們可以更好地提供服務，建立良好的人際關係，並為社會做出積極的貢獻，可以幫助我們在電力這一年的流年中更好地提供服務。

【調性4】自我存在流年——我要用什麼方式服務？

What is the form my service will take?

今年想以什麼具體的方式與形式的來服務呢？這一年最能穩定自己、安定自己的方式什麼？

- 課題：在自我存在流年中，我們的重點是找到具體的方式和形式來服務自己和他人。這一年我們需要確立一個穩定和安定的服務模式，這樣才能在服務的過程中保持穩定和內心的安定。
- 今年的重點：深入認識自己的優勢和特質，確定一個具體的服務方式，可能是一項特定的技能、工作或角色。這些方式需要能夠充分發揮我們的長處和能力，這樣我們在服務的過程中也能保持內心的安定。
- 學習貓頭鷹的智慧、洞察力和靜觀，培養自己的洞察力，深入了解他人的需求和自己的內心，我們需要學會觀察和等待，在靜默中保持專注，不急於往前衝，這樣才能找到最佳的時機和方式。

【調性5】超頻流年——我要如何賦予自己最佳力量？

How can I best empower myself?

今年最大的力量是什麼？這一年想要綻放什麼樣的力量？獲得最大力量的方式是什麼？

這一年是波符轉彎的位置，這個時刻特別重要，因為它是力量發揮的關鍵點。我們需要找到能夠讓自己最大程度發揮力量的方法，這樣就能在各個面向上取得最佳展現。

- 課題：在超頻流年中，我們的目標是找到最有效的方法來賦予自己最大的力量。
- 今年的重點：設定並實現清晰而具體的目標，可以讓我們在追求力量的過程中有一個明確的方向。實現目標的過程中會不斷增強自己的力量。保持學習的心態，不斷學習新知識和技能。學習是增強力量的重要途徑，保持開放的心態，不斷探索和進步。
- 學習孔雀開屏的開展力量，展現出無比的自信和美麗。我們需要培養自己的自信心，敢於展現自己最美好的一面。保持敞開和開放的姿態，需要學會自我欣賞，看到自己的優點和長處，這樣才能真正發揮自己的力量。自我欣賞是自信的基礎，讓我們在面對困難時更加堅定。

【調性6】韻律流年——我要如何將平等向外擴展？

How can I extend my equality to others?

今年想要獲得平衡的關鍵。在人際間溝通互動、尋求關係平衡的方法是什麼？

- 課題：在韻律流年，我們的目標是尋找並擴展平等與平衡。這一年中，我們需要注重人際間的溝通與互動，尋求關係中的平衡點，並且在自己的身心靈之間保持和諧。
- 今年的重點：尊重他人的觀點和感受，並且通過同理心來理解他人，在互動中建立起真正的平等關係。在關注他人的同時，也要注重先照顧自己的需求與感受，達到身心靈平衡。這樣才能在支持他人的同時，也保持自身的健康與和諧。

- 學習蜥蜴的適應力、再生力、靈活性和警覺性，靈活應對生活中的各種變化，重新生長尾巴更象徵著我們在面對挑戰和困難時，具有再生和恢復的能力，不斷重建平衡，靈活應對人際關係中的各種問題，找到平等和諧的解決方案。

【調性7】共振流年——我要如何使我的服務與他人協調？

How can I attune my service to others?

今年最能帶領自己回到核心的方式是什麼？這一年最能以什麼頻率和他人共振呢？

- 課題：在共振流年，我們的目標是找到使自己與他人和諧共振的方法。今年，我們需要專注於如何調整自己，以便更好地服務他人，並找到能夠帶領自己回到核心的方式。
- 今年的重點：進行自我調整，保持內在的穩定和積極，以便更好地服務他人。通過傾聽和觀察，了解他人的需求，提供有價值的支持和幫助。找到與他人共振的頻率，使自己的行動和服務與他人和諧一致。持續實踐能讓自己回歸中心的方法，保持內心的平靜和穩定。
- 學習猴子的智慧、靈活性、玩樂精神和互動協調能力，能夠迅速應對各種變化，靈活應對不同的情況和需求，同時猴子的玩樂精神能夠讓我們在服務他人時保持輕鬆和愉快的心態。這樣不僅能夠提高服務質量，也能讓我們自己享受這個過程，讓我們可以在這一年中活出和諧共振的頻率。

【調性8】銀河流年——我是否活出自己的信念？

Do I live what I believe?

今年內在最重要的信念是什麼？這一年如何活出自己，能把內在相信與外在行動整合一致？

● 課題：銀河流年，我們需要學會依據內在的相信來生活，這樣才能夠讓自己在各方面都達到整合。整合是指將我們的內在信念、情感和外在行動統一，使我們的生活更加一致。

● 今年的重點：找到並確立自己的「內在相信」。這些信念是我們真正認同和願意追隨的價值觀和原則。接著，確保我們的行動與內在信念一致，這意味著我們需要保持自我覺察，檢視自己的行為是否符合內心的價值觀。最後，將內在信念、情感和行動統一起來，使我們的整個生活方式與內心的信念一致。

● 學習老鷹洞察力、視野和高瞻遠矚的能力，老鷹有著敏銳的洞察力，能夠看到事物的本質。犀利的洞察力，能更清晰地了解自己的內在信念，並識別那些真正重要的價值觀。同時，老鷹能夠從高處俯瞰，擁有廣闊的視野。教導我們在面對生活中的挑戰時，要能夠從更高的角度來看待問題，看到全局，找到最佳的解決方案。老鷹也能專注於目標，具有強大的決心和毅力。提醒我們在依據內在相信來生活時，需要有堅定的決心和專注力，不輕易被外界的干擾所動搖。

【調性9】太陽流年——我該如何完成我的目的？

How do I attain my purpose?

今年生命的渴望是什麼？這一年靈魂的意願與想望是什麼？想要如何達成目標呢？

● 課題：在太陽流年，我們探索如何完成生命的目的，達成靈魂的意願與渴望。這一年是靈魂成長與目標實現的關鍵期，特別是在波符轉彎的時刻，這是力量發揮的特別重要時刻。

● 今年的重點：明確意圖，清晰地了解今年的目標和靈魂的渴望。寫下來，時常提醒自己。只要意圖清晰，自然能找到完成目的的方法，根據目標制定具體的行動計劃，分解成可操作的小步驟。接著就是持續行動：不斷付諸行動，保持專注和堅持，不輕易放棄。最後進行自我檢視：定期反思和檢查進度，確保自己朝著目標前進，必要時調整策略。

● 學習豹的敏捷、力量和專注力，豹擁有迅速反應和快速行動的能力。這提醒我們在面對機會時，要能夠快速反應，果斷行動。豹具有強大的身體和心靈力量。我們需要培養自己的內在力量，增強自信和決心，以應對挑戰和困難。豹在面對目標進行狩獵時非常專注，不輕易分心，學習豹的專注力，我們可以更好地集中注意力，專注於實現目標。

【調性10】行星流年——我該如何完美顯化？

How do I perfect what I do?

今年想要讓什麼事情能完美顯化？這一年如何讓自己想做的事情更加完美、把想要的渴望完美成真？

● 課題：在行星流年，我們聚焦於如何更完美地完成我們所做的事情，如何將內心的願望和目標在現實世界中顯化出來。這一年是追求卓越和完善自己的時期，是將內在願景轉化為具體成果的關鍵時刻。

● 今年的重點：提升自己的專業能力和技能，不斷學習和進步，在實踐中不斷調整和改進，根據經驗調整策略和方法，確保工作更加完美。當然內在渴望與驅動力是很重要的，保持內心的動力和熱情，讓自己在追求卓越的過程中始終充滿能量和激情。最後就能顯化願景，將內心的願景和目標具體化，制定計劃並付諸行動，讓自己的夢想在現實世界中成為真實。

- 學習狗的特質，象徵著忠誠、奉獻和無條件的愛，對自己的目標和使命保持忠誠，始終如一地追求卓越和完美。全心全意地投入到自己的工作和目標中，不懈努力，持之以恆。相信自己和他人的能力，建立深厚的信任關係，讓合作更加順利。

【調性11】光譜流年——我該如何釋放與放下？

How do I release and let go?

今年最能夠釋放壓力的方式是什麼？這一年最能以什麼方式帶出內在靈感信息？

- 課題：在光譜流年，我們聚焦於釋放壓力、放下不再需要的事物，並釋放出內在的潛能和靈感。這一年是清理和蛻變的時期，是放下舊有模式，迎接新生的關鍵時刻。
- 今年的重點：釋放壓力，學習有效的壓力管理方法，讓自己在面對壓力時能夠平靜和放鬆。清理舊有模式，辨識並放下不再適合自己的舊有模式和習慣，為新的機會和可能性騰出心的空間。釋放積壓的情感和情緒，讓心靈更加輕鬆和自由。同時也將內在靈感釋放出來，轉化為創造力，找到新的表達方式。最後，能好好迎接各種生活中的變化。
- 學習蛇的脫皮蛻變和重生，釋放舊有的模式，放下舊有的皮膚，迎接新的生命，勇敢面對生活中的變化，學會適應和接受不斷變化的環境，重新找到內在的力量和潛能。同時能保持敏銳的直覺和感知，抓住生活中的機會和內在靈感。

【調性12】水晶流年——我該如何將自己奉獻給所有生命？

How can I dedicate myself to all that lives?

今年對什麼事情能夠看得最清晰？這一年在合作中最能奉獻自己的什麼力量？

- 課題：在水晶流年，我們專注於奉獻和合作。這一年，我們的任務是辨識出自己最清晰的部分，並在合作中保持清晰的意識，奉獻出自己獨特的力量。水晶流年是關於服務於整體，透過合作和團隊工作來實現更大的目標。
- 今年的重點：覺察並認出自己的優勢，找出自己的強項和最清晰的部分，了解自己的獨特價值。學習和提升自己的合作技巧，善於溝通和協作，建立強有力的團隊關係。培養奉獻精神，願意將自己的力量和資源投入到團體中，為共同目標努力。在合作中關愛和支持他人，理解他人的需求，並樂於提供幫助。不斷學習和成長，保持開放的心態，接受新的挑戰和機會。
- 學習兔子的生態與習性，像兔子一樣保持敏感度，對環境和他人的需求有高度的感知能力。善於合作，與他人建立和諧的關係，共同努力實現目標。注重成長和繁殖力，將自己的力量和資源傳遞或傳承給更多的人，擴大影響力。在合作團隊中尋求和提供安全感，營造一個穩定和支持的環境。

【調性13】宇宙流年——我該如何散播我的喜悅與愛？

How can I expand my joy and love?

今年對於什麼事情要能夠更多等待與給予耐心？這一年想要如何分享愛與喜悅呢？

● 課題：在宇宙流年，我們專注於散播愛與喜悅，並學會耐心和等待。這一年，我們找到在生活中分享愛與喜悅的方式，並通過這些行動讓自己再次回到當下，並豐富我們的生活和周圍的世界。

● 今年的重點：學會耐心對待生活中的挑戰和變化，給自己和他人時間來成長和適應。藉由從小小的行動開始來分享愛，給予他人鼓勵和支持，關心和幫助需要幫助的人，同時能創造喜悅，尋找和參與能讓自己和他人感到快樂的活動，營造一個充滿歡笑和幸福的氛圍。將愛與喜悅傳遞給更多的人，通過社交活動、服務的機會和團體參與來擴大影響力。

● 學習烏龜的耐心、穩定和持久，像烏龜一樣學會耐心等待，理解一切都有它的時機，不急不躁。保持內心的穩定，面對生活的變化時，保持冷靜和堅定。理解持久和堅韌的重要性，相信自己一切都能「Hold得住」，持之以恆地追求目標和夢想。允許自己偶爾當個縮頭烏龜，如果需要一些時間也千萬不要逼迫自己，學習烏龜一樣懂得保護自己，在需要的時候退回到自己的殼裡，給自己時間恢復。緩慢前進：慢慢來，不急於看到成果，穩步前進，享受過程中的每一刻。

宇宙流年的心理準備

宇宙流年是十三年週期中的最後一年，也是預備下一個新週期（磁性）的一年，這一年不僅需要總結過去的經驗與收穫，還可以爲即將到來的新週期做好心理準備。以下分享可以調頻的方法：

1. 回顧與反思：回顧過去十三年的經歷，總結自己的心路歷程，無論成功與失敗，從中獲得了哪些寶貴的經驗和智慧，有哪些自己可以繼續帶著走的部份，又有哪些部分已經不再需要，可以好好感謝並告別。
2. 放下與釋放：學會放下過去的執著與遺憾，釋放心中的壓力與負擔。進行心理與情感上的清理，讓自己以清晰和輕盈的狀態迎接新週期。
3. 確立新目標：設立下一個週期的願景與目標，思考自己想要達成的目標和夢想，並爲新週期制定具體的行動計劃，確保自己有清晰的方向和步驟。

第4章

流年波符

流年波符代表這一年的學習道路。(可用附錄表格畫出自己的流年波符)

跟著波符的十三個問句，走一遍自己的道路。

同上步驟，看著卓爾金曆，找到自己的「流年印記」的位置後，根據Kin的數字往前推算，找到調性1磁性的位置。就能找到流年印記所屬的「流年波符」。

了解流年的波符是走在哪一條道路上，這年的主題是什麼，這年的道路需要注意哪些地方，更重要的是如何運用優勢力量，讓自己這一年走得更順、更開展，再搭配流年印記的五大神諭力量，更是全方位的看見。

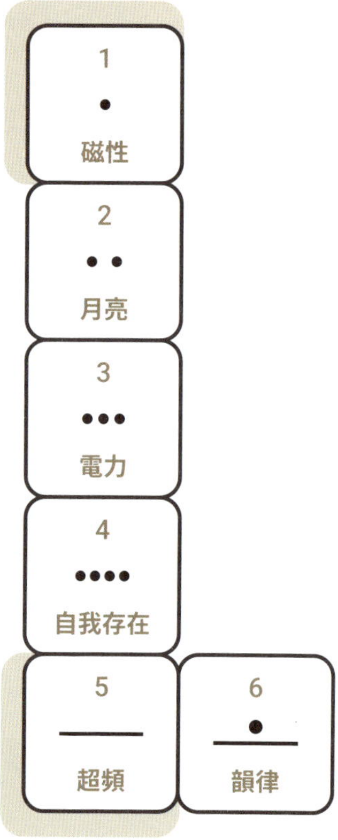

調性｜1

今年的方向。這一整年的靈魂目的、前進的目標、想要吸引什麼、今年的使命和任務最重要的起始點。

調性｜2

今年的挑戰。這一年可能會遇到的黑暗面，包括心理陰影、比較容易挑起二元對立的，比較恐懼的方面是什麼？

調性｜3

今年服務的品質。這一年最重要的、想給出的內在品質是什麼？

調性｜4

今年想以什麼具體的方式與形式的來服務呢？這一年最能穩定自己、安定自己的方式什麼？

調性｜5

今年最大的力量是什麼？這一年想要綻放什麼樣的力量？獲得最大力量的方式是什麼？

調性｜6

今年想要獲得平衡的關鍵。在人際間溝通互動、尋求關係平衡的方法是什麼？

流年波符示意圖

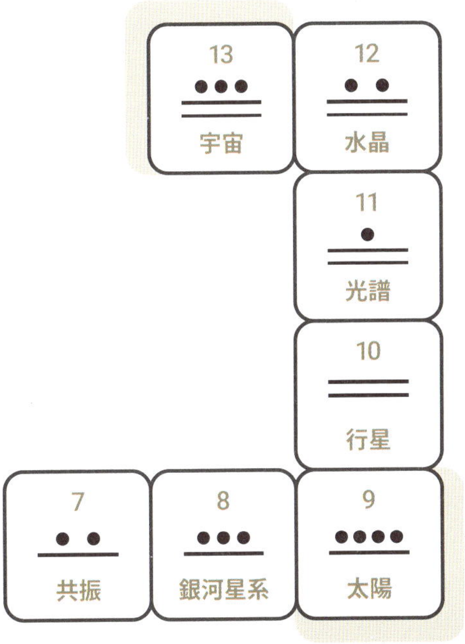

調性｜7

今年最能帶領自己回到核心的方式是什麼？這一年最能以什麼頻率和他人共振呢？

調性｜13

今年對於什麼事情要能夠更多等待與給予耐心？這一年想要如何分享愛與喜悅呢？

調性｜12

今年對什麼事情能夠看得最清晰？這一年在合作中最能奉獻自己的什麼力量？

調性｜11

今年最能夠釋放壓力的方式是什麼？這一年最能以什麼方式帶出內在靈感信息？

調性｜10

今年想要讓什麼事情能完美顯化？這一年如何讓自己想做的事情更加完美、把想要的渴望完美成真？

調性｜9

今年生命的渴望是什麼？這一年靈魂的意願與想望是什麼？想要如何達成目標呢？

調性｜8

今年內在最重要的信念是什麼？這一年如何活出自己，能把內在相信與外在行動整合一致？

示範案例

Kin22太陽白風為例，流年走到白巫師波符，象徵著這一年的關鍵是要進入「永恆的接受性」之中。

一整年，練習內在平靜與穩定，勇於面對自己，靜心內在覺察，以成就顯化心想事成的魔法。

永恆的波符：巫師波從磁性白巫師到宇宙白世界橋，練習超越時間的感受，讓自己全然的活在當下，把關於過去與未來的意念都拉回這個當下，透過靜心與內在觀察，我們明白沒有時間就沒有死亡，更毋須執著在不必要的糾結上。

【我的目的是什麼？】What is my purpose?

磁性白巫師 Kin14 

- 課題：我今年的目的是什麼？我想吸引什麼？
- 智慧小語肯定句：透過內在意念的聚焦與創造，協助我吸引美好的人事物。
- 日常調頻練習：這是非常需要多靜心、畫胡娜庫調頻、心向內、把注意力放回內在的一年。

【我的挑戰是什麼？】What is my challenge?

月亮藍鷹 Kin15 

- 課題：我今年的挑戰是什麼？什麼挑起了我的恐懼與害怕？是否看得不夠廣、我是否太自我、我只看到自己而沒有看到別人？
- 智慧小語肯定句：我願意把觀看的視角拉高，我能看到別人，我能落地執行我想要的目標。
- 日常調頻練習：與他人討論分享觀察的角度，能夠換位思考，從不同角度來想事情。

【我要如何給予最好的服務？】How can I best serve?

電力黃戰士 Kin16 

- 課題：我今年最佳的服務品質是什麼？我的勇氣在哪裡？
- 智慧小語肯定句：我願意勇敢一點，嘗試新的事，讓自己鍛鍊面對恐懼的勇氣。
- 日常調頻練習：做些沒有做過的事情，開啟新的智慧。

【我要用什麼方式服務？】What is the form my service will take?

自我存在紅地球 Kin17 

- 課題：我今年想以什麼方式來服務自己與他人？
- 智慧小語肯定句：生活中我能認出共時的事件，這是地球在提醒我要順流與臣服，生命自然導航往對的方向前進。
- 日常調頻練習：透過旅行、接觸綠地與公園、抱大樹、吃天然食物，讓自己身心穩定又健康。

【我要如何賦予自己最佳力量？】How can I best empower myself?

超頻白鏡 Kin18 

這是波符轉彎的位置，也是特別重要的力量發揮之處。

- 課題：今年我讓自己擁有最大的力量的方法是什麼？
- 智慧小語肯定句：今年我要看清楚，清晰的看見生活中的人事物都是自己內在的一部分，並接納這一切。
- 日常調頻練習：寫下生活觀察，把相遇的人、發生的事、都當成自己的鏡子來做練習，看看自己投射出些什麼。

【我要如何將平等向外擴展？】How can I extend my equality to others?

韻律藍風暴 Kin19 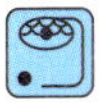

- 課題：今年我如何在人際互動中對他人有平等心？我如何讓自己身心靈平衡？

- 智慧小語肯定句：今年我能透過與他人交流互動而提升我自己的改變速度，我也能給予來到我面前的人一股改變的推動力。
- 日常調頻練習：與夥伴之間互動時，可以多聊聊彼此能如何互相成長、互相激勵、一起進步。

【我要如何使我的服務與他人協調？】How can I attune my service to others?

共振黃太陽 Kin20（銀河啟動之門GAP）

- 課題：今年我如何調整自己以更好地服務他人？我如何歸於中心？這是最能把自己帶回核心的方式。
- 智慧小語肯定句：今年我願意從實際生活事件中帶起自我覺察，在經驗中獲得領悟成長。
- 日常調頻練習：靜心時想像頭頂上有溫暖的陽光灑落下來。散步曬太陽，讓自己成為溫暖又綻放光芒的太陽。

【我是否活出自己的信念？】Do I live what I believe?

銀河紅龍 Kin21 

- 課題：今年我如何依據內在相信來生活？讓自己做好「整合」的方法是什麼？
- 智慧小語肯定句：今年的我，運用星際馬雅13月亮曆法的古老智慧與他人連結，好好整合我所學的知識。
- 日常調頻練習：多與老朋友、家人連結相聚，找到家人老友們給我滋養的力量。

【我該如何完成我的目的？】How do I attain my purpose?

太陽白風 Kin22（銀河啟動之門GAP）

這是波符轉彎的位置，也是特別關鍵點發揮之處。

- 課題：我今年的意圖是什麼？我如何才能實現人生目的？

●智慧小語肯定句：我能讚美自己、跟自己與他人說甜甜話、說出自己的渴望。

●日常調頻練習：多聽喜歡的音樂、閱讀喜歡的書，透過豐富自己的精神糧食，能再次回到內心的渴望之中。

【我該如何完美顯化？】How do I perfect what I do?

行星藍夜 Kin23 

●課題：今年我如何才能更完美地完成我所做的事情？我要顯化什麼在這世間呢？

●智慧小語肯定句：潛意識是我最豐盛的寶藏，我能勇敢夢想，讓夢想完美成真。

●日常調頻練習：寫下與潛意識的對話，記錄夢境，進行每日夢想的書寫。

【我該如何釋放與放下？】How do I release and let go?

光譜黃種子 Kin24 

●課題：今年我如何才能釋放出潛能？及如何放下那些我不需要的？

●智慧小語肯定句：今年要替自己種下信念的種子，放下不耐煩與焦躁、釋放沒有信心的部分，保持信任、透過耐心與信心來支持自己慢慢成長。

●日常調頻練習：寫下你想要種下的美好種子，需要耐心灌溉，種子才會慢慢長大。

【我該如何將自己奉獻給所有生命？】How can I dedicate myself to all that lives?

水晶紅蛇 Kin25 

●課題：今年我最清晰的部分是什麼？我要拿什麼與他人合作、又能如何奉獻出自己？

●智慧小語肯定句：今年是跟自己身體好好合作的一年，我願意多傾聽身體的聲音，回應生命的需要。

- 日常調頻練習：相約夥伴一起去散步運動，只與讓自己怦然心動的人事物一起合作。

【我該如何散播我的喜悅與愛？】How can I expand my joy and love?

宇宙白世界橋 Kin26 

- 課題：今年我能如何回到當下，要完成什麼超越的功課，我要如何分享愛與喜悅？
- 智慧小語肯定句：我願意成為連接不同領域的橋梁，連接新朋友，擴大生活圈。
- 日常調頻練習：透過多寫感恩日記，帶著喜悅的心情，認出生活中每一個「讓我們放不下的事」都是一個跨越自己的機會。經由感恩，就能更順利放下並跨越，結束完美的一年。

第5章

流年能量之身體全息圖

人體位置的十三關節，對應整年度波符的十三個圖騰與調性。

身體大智慧，每個調性代表了「靈魂的提問」，圖騰代表了「答案與解藥」。

以Kin22太陽白風為例，流年走到白巫師波符，從磁性開始到宇宙調性，走過十三個調性大關節（詳見六二頁身體全息圖）。

當年的力量位置，太陽調性，在人體左手的手肘關節，可以多按摩此處，強化氣的流動，提升流年力量的通透。

如何具體與身體對話呢？你可以這樣做練習，與每一個關節連結一下：

將人體的十三個關節對應整年度波符的十三個圖騰與調性，並應用在生活中，可以幫助我們更好地理解和實踐這些能量，從而提升我們的身心靈整體健康和生活品質之平衡。

將手碰觸該關節的同時，可搭配前面「智慧小語肯定句」進行冥想。

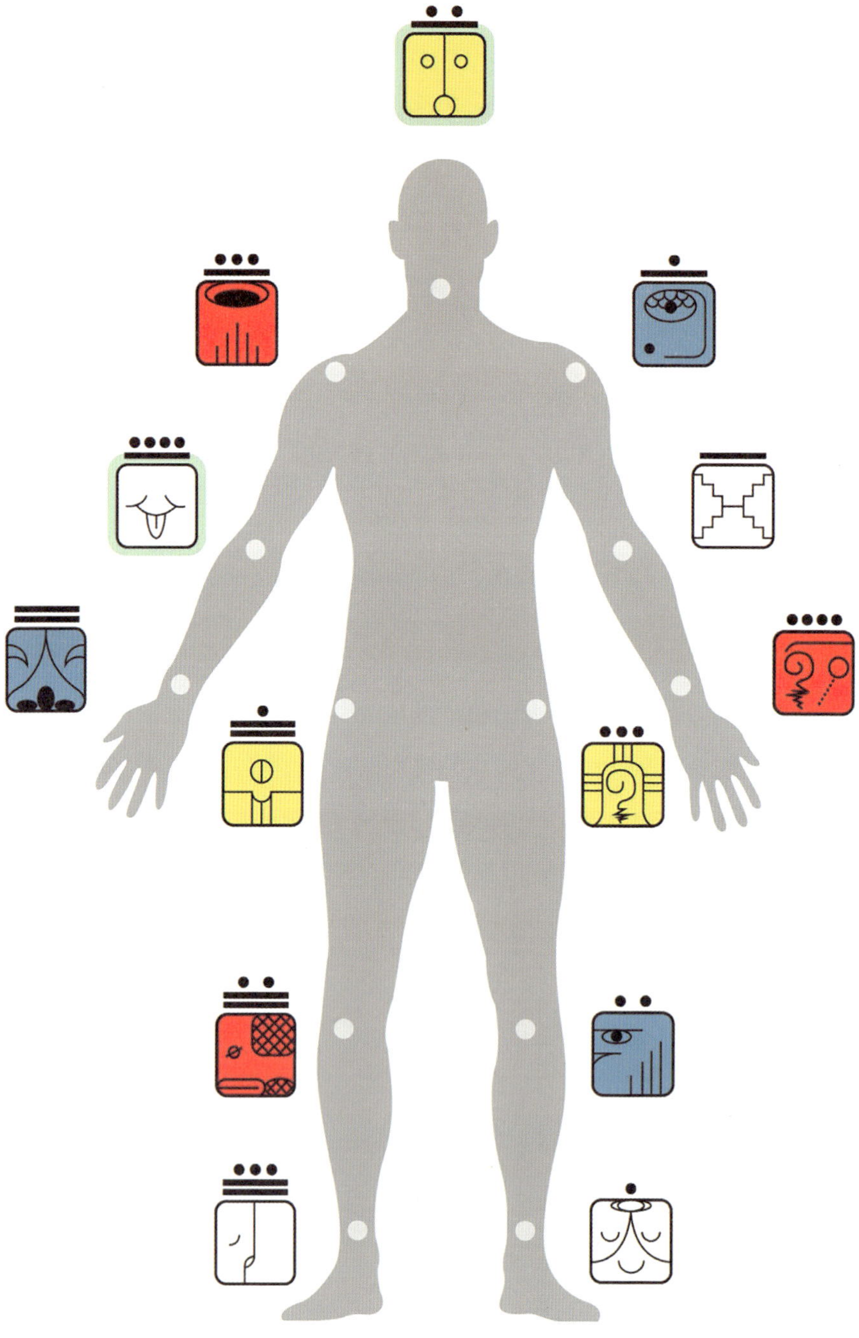

流年身體全息圖範例

人體關節與調性對應

1.磁性（Magnetic）- 右腳踝

按摩右腳踝，冥想並設定今年波符的意圖。

2.月亮（Lunar）- 右腳膝蓋

做右膝的柔和伸展，思考並面對生活中的挑戰。

3.電力（Electric）- 右邊髖關骨

多做右髖關節的運動，尋找服務他人的機會。

4.自我存在（Self-Existing）- 右手腕

每天按摩右手腕，設計計劃和目標。

5.超頻（Overtone）- 右手肘

多按摩右手肘，激發自己和他人的能量。

6.韻律（Rhythmic）- 右肩膀

做右肩的伸展運動，保持生活中的平衡。

7.共振（Resonant）- 頸椎與整條脊椎

進行脊椎的柔和運動，與自己建立深層連結。

8.銀河（Galactic）- 左肩膀

按摩左肩，創造和諧與內外整合。

9.太陽（Solar）- 左手肘

按摩左手肘，設定意圖並迅速行動。

10.行星（Planetary）- 左手腕

旋轉左手腕，將完美主義轉化為生活的實踐力量。

11.光譜（Spectral）- 左邊髖關骨

按摩左髖關節，練習釋放壓力和情緒感受。

12.水晶（Crystal）- 左腳膝蓋

進行左膝的按摩運動，感受與尋找合作的機會。

13.宇宙（Cosmic）- 左腳踝

按摩左腳踝，思考如何超越限制，擴展視野和能力。

第 6 章

應用篇：Happy Year's Kin Day

Happy Year's Kin Day 時空重疊於此刻

當日能量的流日印記走到自己「當下的流年印記」或者「未來的流年印記」時，可以獻上祝福「流年印記生日大快樂～ Happy Year's Kin Day ！」代表了我們距離生日二六〇天的週期。

● 生日已經過了二六〇天時，當日能量的流日印記，就會走到自己「當下的流年印記」

● 當日能量的流日印記，走到自己「未來的流年印記」這天時，代表生日就是二六〇天後會來到。

至於如何調頻校準，進行時間重疊點的應用，包含自我對話、找出內在優勢力量，點亮光點的對話：

第一個時間點：當日能量的流日印記走到自己的流年印記時

這時正巧走到流年波符時，一個波符十三天代表了一整年的力量。這是重新校準自己的年度力量的最佳時機。例如：我現在此刻的流年印記是Kin53磁性紅天行者，當日能量就是Kin53磁性紅天行者（進入紅天行者波符）。

第二個時間點：當日的流日印記走到未來的流年印記時

這時正巧走到未來流年波符時，一個波符十三天代表了未來這一整年的力量。這是預先校準調頻並做好準備的最佳時機。例：我下一年生日的流年印記是Kin158月亮白鏡／紅地球波符，當日流日Kin158月亮白鏡能量就是進入紅地球波符的十三天。

調頻校準的五種方法

1.確認當日流日印記與流年印記

查找到當日的流日印記，確認是否與你的流年印記相同。

如果相同，畫出五大神諭與波符，記錄這個特殊的日子。

2.進行自我對話

- 找一個安靜的時刻，進行冥想或靜心，回顧從生日到現在的經歷和成長。
- 問自己一些關鍵問題，例如：

  在這些日子裡中，我設定了哪些主題計畫？達成了哪些嗎？

  我面臨了哪些挑戰，並從中學到了什麼？

  什麼樣的力量幫助我克服了困難？

  觀照內心並陪伴自己的情緒感受。

3. 找出內在優勢力量

- 通過回顧和反思，對照五大神諭力量，找出自己的優勢和資源強項。
- 畫下波符，調性是提問、圖騰是解答，了解自己的資源配備。
- 寫下一些具體發生的實例，幫助你更加確認這些優勢力量。

4.點亮光點

- 逐一列出並想像自己的優勢力量如同光點，照亮你前進的道路。
- 再次確認當下的主題，哪些是自己的渴望，利用這些內在的優勢力量去實現。

- 想像未來的自己如何利用這些優勢力量去實現目標。
- 視覺化成功的場景，加入喜悅幸福的感受，增強信心和動力。

5.重新校準年度力量

- 根據當前的情況和接下來的主題目標，調整你的心態、想法與感受。
- 將過去的經驗和學習體悟融入到生活校準中，確認下一步行動。

依此類推，可以應用在「流年的所有印記」，包含流年的支持印記日。

以這樣「關鍵能量點來觀看」之方式，提供了一個強大的工具，讓我們能夠在一年中的關鍵時刻進行深度的自我對話和內在力量的調整。藉由這些步驟，可以更清晰地看到自己的成長路徑，並且為未來做好充分的準備。每一個光點都代表著你內在的力量，照亮你的人生之路，讓你在每一個重要的轉折點上都能夠更踏實、更安心地迎接各種新的可能性。

第7章
給圖騰流年的一封信

給紅龍流年的一封信

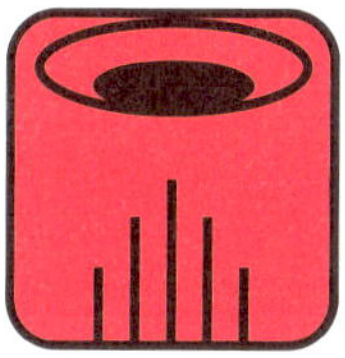

親愛的朋友，

當你進入紅龍的流年，代表顏色是紅色，象徵著這是一段充滿創造力、某個計畫開始轉動的一年。紅龍代表著起源的力量、滋養自己的生命、家族與家庭根源。

在紅龍流年的這一年，有些人會開始擔心業力反覆而且沉重或該怎麼辦？在這一年會不會是業力現前或者業力大爆炸的一年呢？會不會跟原生家庭糾結不休？有很多痛苦的業力嗎？要去面對整個清理業力的過程會很辛苦嗎？我能夠撐得過去嗎？

在這一年，最重要的就是把過往的記憶以及影響，轉化成資源以及協助自己翻轉業力的力量。尤其是關於原生家庭的影響，在這一年會特別要去注意家庭因素帶給自己的壓力跟限制，有能力去看到這些壓力以及限制的根源，是愛的助力，在這一年能夠把這些部分轉化成動力，而非只是停留在限制的束縛上。

在這一年當中，也會有很多過往的記憶浮現上來的時刻，發生了某一些事件也會對應到自己內在必須要去清理而且平衡的人際關係，因此在這一年也是一個很好的自我觀照的機會，透過支持白鏡的能量，能夠協助自己有更清晰的看見，也會更明白自己內在對於這些業力的觀點，以及過往對自己的影響都在投射些什麼。覺察這些投射的想法如何影響自己，就會有更多轉化成資源的力量帶領自己跨越與改變。

在挑戰擴展藍猴的位置，面對過去發生的種種事件真的非常需要有「高級的幽默感」來看見自己是如何詮釋這些事件。幽默感的提升，讓自己的生活可以更加輕鬆並且自由，放掉「輸、贏」的比較，在這一年，尋求的是一種自在與解脫，而非誰輸誰贏。

黃太陽在隱藏推動的位置，協助自己面對古老智慧的傳承，能夠帶領自己有更多的光與溫暖，讓古老智慧協助自己的生命經驗，能夠有更好的整合，有機會去分享並且傳遞古老智慧的系統。

在今年如果有想要學習古老智慧的系統，或進行聖地的拜訪與旅行是一個非常好的機會唷！

這一年的引導：

- 一點家族：引導是自己——紅龍，專注於主印記圖騰的力量，通過討論分享、激盪靈感，找到夢想的方向。
- 二點家族：紅天行者的引導，在這一年會有更多探索和冒險，特別喜歡古文明和靜心冥想。
- 三點家族：紅蛇的引導，這一年要多關注照顧身體健康，會對養生的話題很有興趣，以及幫助你找到連結身體活力的方法，舊有習性的蛻變。
- 四點家族：這一年有紅地球的引導，很有外出旅行、與大自然接觸的機會，獲得啟發和能量。
- 橫線家族：紅月的引導，會開始更深的往內在情緒探索，理解和療癒自身的情緒和內在狀態，同時也有機會學習一些情緒溝通或療癒的課程。

給白風流年的一封信

親愛的朋友，

當你進入白風的流年，代表顏色是白色，這是一段充滿溝通、表達和心靈成長的時期。在這一年裡，你將迎來豐富的機會來探索內心深處的自我，並學習如何真實地表達自己的感受和想法。

白風的這一年，最重要的是能夠清晰的表達針對內在真正想要訴說的，透過語言文字以及聲音表達出來，確認自己心裡面真實的感受以及想要說的一致性表達是什麼。

需要修煉的課題是，鼓勵肯定以及說出正向的語言，並回過頭來往內在去確認自己心中的念頭都在運作些什麼，都在思考什麼？

在這一年如果不想表達的時候，可以問問自己：為什麼不想說呢？是不是有什麼部分糾結了或者卡住了，感受一下心中對於這件事情自己的渴望是什麼？如果我可以說那跟誰說或者怎麼說比較好呢？

在這一年，也會有更多機緣接觸關於精神層面、向內在探索，靈性層面的學習系統及滋養。

紅地球的位置，能夠支持白風，特別是在呼吸道的調整。紅地球的自然環境、天然的食物以及生活用品，能夠幫助呼吸更加的順暢平衡，並且在共時順流的過程當中，給予自己更多的信任，能夠有機會去表達並且傳遞內在的想法。紅地球能量也幫助你落實精神性的力量，讓你的靈性覺察變得具體和實際，讓你更接地氣，幫助你在與人溝通和分享時，更有實際效果。你可以利用這股力量，讓自己所傳遞的資訊更具影響力。

黃人在挑戰擴展的位置，能夠協助白風去感受自己心中那種放鬆並且自由的感受，看見自己內在想法的調整，想法打開了，自由也就打開了。想法限制了，自己當然也會感受到生活中的諸多不自由以及被局限。黃人的能量挑戰你走出舒適區，擴展你的自由表達和內在潛能。促使你更加自由和真誠地表達自己，同時提醒你對自己所說的話負責。這有助於你在表達和溝通中找到更大的自信和力量。

藍風暴的位置在隱藏推動，協助白風這一年說出來的語言，具有強大的影響力。藍風暴的能量推動你進行內在的轉變和成長，讓你的話語變得更加有力量，激發你內在的改變和突破，幫助你釋放舊有的模式和限制。這能讓你在溝通和表達中更加靈活和強大。

這一年的引導：

- 一點家族：引導是自己——白風，雙倍精神力量，透過討論分享激盪靈感，讓你更明確內心的方向。
- 二點家族：白巫師引導，強化意念顯化，讓你實踐夢想的力量更強大。
- 三點家族：白世界橋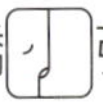引導，強化協調和放下執著的能力，讓你能更好地分配工作和協調事務。
- 四點家族：白鏡子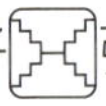引導，能看得更清晰，洞察人性和自我，幫助你更好地認識自己。
- 橫線家族：白狗引導，溫暖和愛，幫助你忠於自己，誠實面對自己的心。

給藍夜流年的一封信

親愛的朋友，

當你進入藍夜的流年，代表顏色是藍色，在這特別的一年裡，你將經歷一段充滿夢想、直覺和豐盛的旅程。作為夢想家Dreamer，你擁有轉化夢境和潛意識為現實的天賦。

藍夜的這一年，是宇宙讓你體驗豐盛富足的一整年，然而我們的心中或許會有一種覺得自己匱乏，覺得好像永遠都不夠，會想要追求更多，擁有的更多，就會再有更多的想要……。這時候，要來檢查一下自己的內在，是什麼部分讓自己感受不夠，是真的不夠嗎？還是自己的這些想要是因為「別人認為你應該要有」，因為別人擁有，所以自己也要擁有。

自己是否會去追求那些根本就不是自己的夢想計劃？問問自己，這些生命當中所謂的豐盛圓滿，是自己的生命藍圖嗎？還是這個夢想只是為了圓滿長輩或者他人的期待？再次校準，在現在此刻，最適合自己想要發展的夢想藍圖是什麼？這符合自己生命當中想要的豐盛願景嗎？

在這一年也會有合適的機緣，讓你學習直覺開發、潛意識探索的相關課程，可能對於催眠探索、靈魂旅程的渴望、牌卡心理媒材的工具有興趣，或者對於如何吸引財富、創造金錢的主題、生涯規劃的主題等。

黃戰士在支持的位置，能夠協助藍夜的這一年向內探問，確認自己心中的夢想與想要真的是自己的藍圖嗎？黃戰士會在提出詢問的過程當中，激發追求夢想的勇氣，讓自己可以為自己的想要勇敢的挺身而出。

在挑戰擴展的位置是紅天行者，對於到處奔波四處移動這件事情，今年會有一種感覺到想要抗拒的能量，只想要待在家裡像藍夜一樣做白日夢、好好睡覺就能夠輕鬆的度過這一年。這時候紅天行者的擴展同時提醒你，這些擴展的力量，其實是要讓自己透過移動以及外出，就能夠打開自己的生活圈以及開闊更多不同的財富機會，各種豐盛的機緣都會藉由自己切換不同領域的時候，機會來到你身邊，開展你更大的生活領域。

白鏡在隱藏推動的位置，協助我們這一年能夠更清晰的往內在探索，看見自己沒有覺察到的內心層面，以及沒有發現的直覺的力量。透過遇到的人，能夠清晰地看見自己或者推著自己回來向內詢問「我究竟真正想要的是什麼、我渴望是什麼」，當我們對自己有更清晰的看見，就會轉化成一股內在的動能，推動自己朝向夢想前進的道路。

這一年的引導：

- 一點家族：引導是自己——藍夜，雙倍豐盛的力量，透過豐盛的分享，觀察潛藏在夢境與潛意識中的答案，會更明白內心的聲音與答案，以及要前進的方向。
- 二點家族：引導是藍鷹，協助藍夜這一年在追尋夢想的過程中，往更高的地方飛去，透過藍鷹的視野與更高維度的格局，看得更廣、更遠。越是讓自己的能量輕盈，越能獲得指引。
- 三點家族：引導是藍手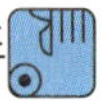，藍手的能量跟實踐力有關，所以這一年必須要落實，然後檢視自己關於夢想的清單，一步一腳印的親自去實踐。
- 四點家族：引導是藍風暴，這一年尤其能協助我們在生命裡擁有轉化與改變的力量，夢想實踐的過程中，顯化的力量將會讓生命持續改變、蛻變，並一直前進，不斷以更龐大的格局打破原本的設限。
- 橫線家族：引導是藍猴，這一年特別有幽默感。越有創意、越好玩的事，越能夠成就實踐夢想的藍圖，因此，一定要把有趣、幽默的元素帶入正在做的事情或工作當中，甚至，在遊戲中還能獲得指引的訊息。

給黃種子流年的一封信

親愛的朋友，

當你進入黃種子的流年，代表顏色是黃色，在這個特別的年度，你即將進入一段充滿目標、覺察和開花結果的旅程。

在黃種子的流年中，宇宙將會給你信心堅定你的內在力量，支持你成為自己。因此，你會面臨內在信心的考驗，信心不足、缺乏自信，這些都會影響種子的成長過程。這一年，你需要特別給予自己信任與鼓勵。由於黃種子的成長需要時間，你可能會因現代社會的快節奏而感到急躁，從而失去耐心。這會使你因為看不到「立即的成果」而想要放棄目標，缺乏明確的目標和方向也可能讓你在行動中猶豫不決，從而影響你的效率。

外界的壓力和期望，也可能使你偏離自己的真正目標，導致你專注於滿足他人的期待而不是追尋自己的夢想。當遇到挫折時，你也可能會產生自我懷疑，這會削弱你的信心和行動力，影響你實現目標的決心。此外，黃種子需要在土地中扎根才能健康成長，而你可能會忽略這一點，總是著眼於未來而忽視當下的根基建設，幫自己先打好地基才是首要之舉唷！

在這一年裡，也會是豐收與收穫的一年，過程中有些耐心的考驗，會幫助你在等待的過程中培養毅力和堅持。你的努力和付出將可能在工作或個人目標上得到回報，帶來豐收的喜訊。在探索內心世界和目標時，你也會獲得新的啟示和靈感，這將幫助你更好地實現自己的目標。

學會如何進行內在覺察，這是你最大的資源。透過覺察自己內心的想法和感受，你能更清楚地了解自己的目標和需要。目標導向的你，將幫助你在複雜的環境中保持專注，找到實現目標的最佳路徑。而耐心與信任則是你在面對挑戰時保持冷靜和堅定的重要因素，相信每一步的過程都是有意義的，並耐心等待種子的成長與發展。

支持有藍鷹的能量，能幫助你拉高視野，從更高的角度看待目標。藍鷹會引導你不急於一時，也不會太過短視近利，把注意力放大、聚焦在目標與願景上，並精準地確認方向。

挑戰與擴展位置是白巫師，白巫師的能量能協助你打破對時間的焦慮，聚焦於當下。能幫助你在失去信心時找到內心的答案，並引導你跨越時間的限制。多一些放鬆與安靜的時刻，不著急，就更能進入內在核心正確校準。

隱藏推動有紅地球，提醒你要扎根並信任自己生命中的安排。順流而行，享受這一年的旅程，接受生命中的每一個發生，臣服於這些安排的流動裡，這將幫助你更加堅定和穩定地成長。

這一年的引導：

- 一點家族：引導是自己——黃種子，雙倍的力量，專注活出主印記圖騰的力量，找到夢想引導的方向。
- 二點家族：黃戰士的勇氣與智慧，引導你在追尋夢想的路上更勇敢提問和表達。
- 三點家族：黃星星的美感與藝術性，幫助你在藝術活動中獲得指引與靈感。
- 四點家族：黃太陽的溫暖與光芒，幫助你展現覺醒和開悟的力量，並傳遞給身邊的每一個人。
- 橫線家族：黃人的自由與思考能力，讓你遵照自己的意願行動，保持內心的平靜與自由。

給紅蛇流年的一封信

親愛的朋友，

當你進入紅蛇的流年，代表顏色是紅色，踏入這一年你將經歷一段充滿活力與蛻變的旅程，喚醒內在的生命力，重新與身體連結，並透過脫皮蛻變迎接新生。

在紅蛇的這一年的流年裡，最重要的是去看見自己很本能的生存危機，以及生存的焦慮。可以了解自己在生命改變的歷程裡，有經驗過蛻變嗎？「蛻變」對自己來說的意義是什麼？這個蛻變曾經在過去的生命裡，帶給自己哪一些轉機呢？

這些轉機都是一個重生的機會，能從過去的經驗裡找到這些「成功經驗」，能帶給自己在新的這一年有新的能量、新的生命熱情以及生命力。

重要的是，在這一年的主題是「身體健康」，關於身體的狀況會帶來一些徵兆的提醒。關注自己的健康習慣、飲食習慣、生活作息，以及如何跟自己身體有更多的連結，還有身體照顧與保養的調整，這都是今年必須關注的重點與練習。

在白巫師作為支持的位置，可以協助紅蛇能夠「回到當下」，就在此刻當下去連結自己的身體（不是等到身體有病痛了才開始連結身體感受），去接收身體要給自己的訊息，細心的留意並傾聽身體的需求。

同時，挑戰擴展藍鷹提供了「看見」，以及更高的維度的視角，能夠帶領自己看到面對生存的焦慮時，自己究竟在焦慮什麼？是否有不同的觀點能夠提供給自己一個新的開展，尤其是在身體出狀況時，或者蛻變的脫皮疼痛難受時，藍鷹能夠協助我們以更冷靜的應對方式回到身體，當下的連結，問自己：此刻我生命真正渴望的是什麼？身體真正需要的是什麼？

黃戰士作為隱藏推動，為紅蛇帶來身體的對話與提問，有一種隱藏版的害怕與不安，這些恐懼在這一年很容易會被自己忽略以及掩蓋起來，並不想去面對真實的狀況，例如身體其實已經一直在給訊息徵兆了，但是一直害怕去真正的去面對，所以會有拖延的狀況發生。多鼓勵自己，拿出面對問題的勇氣，去看見現在此刻，在這一年當中，這些事件的發生，代表生命真正要教導自己的是什麼。

這一年的引導：

- 一點家族：引導是自己——紅蛇，專注於活出流年主印記圖騰的力量，這一年你擁有雙倍的蛻變力量，集中精力發掘內在的熱情和夢想。找出讓你感到充滿活力和動力的事情，並全心投入其中。
- 二點家族：紅地球引導，多花時間在大自然中，通過接觸大自然來平衡身心。這可以包括爬山健行、露營、園藝等活動。
- 三點家族：紅月引導，利用紅月的能量來敏銳地察覺身體健康和情緒流動的關聯。
- 四點家族：紅龍引導，研究你的家族歷史和根源，了解父母和祖先的價值觀和影響，這將幫助你更好地理解自己的信念和行為模式。
- 橫線家族：紅天行者引導，喚醒對探索生命的好奇，透過身體能量的學習來探索自己的極限和熱情。

給白世界橋流年的一封信

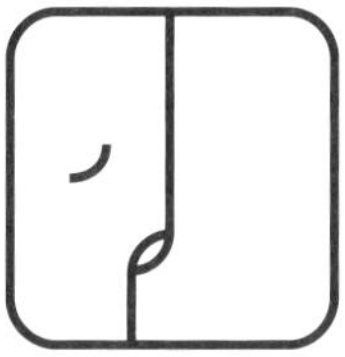

親愛的朋友，

當你進入白世界橋流年，代表顏色是白色，這一年將經歷內在的平衡與轉化，特別是在面對結束和新開始的時刻。我們會透過自我放下與接受，學會從不同角度重新看待事物。

在白世界橋流年的這一年會感受到生命課題要來學習並且經歷「結束」的議題。生命的生與死的課題，以及在各種關係當中是否能夠重建，這是在白世界橋流年會感受到比較不安的部分。

在這一年，也會有轉換角色以及身分的機會，以及某些事件來到這也是一個原有階段要進入下一個新階段的轉換年。

同時，是讓自己有機會成為跨界的管道，這一年會有很好的宇宙能量以及機緣，讓你成為協調者，透過不同生活圈的對接，你有機會成為那座串連的管道與橋梁。

紅天行者是在支持的位置，支持著白世界橋跨領域、跨產業合作、異業結盟，會在不同的空間與角色當中切換，也會有很多外出連接新朋友的機會，你可以通過旅行、參與新的社交圈子來擴展自己的視野，紅天行者的行動力將幫助你跨越各種邊界，打破固有的限制，讓自己更自由地探索生命的可能性。

黃戰士在挑戰擴展的位置，黃戰士勇敢無懼的能量將挑戰你面對不熟悉的自己，幫助你放下與斷捨離，有智慧地面對離開與結束，並將幫助你在面對困難時找到解決方案，提升你的內在力量，協助這一年更加有勇氣去面對執著與放下的學習功課。

隱藏推動是藍鷹，會比較容易因為自己的執著，而不想面對、不想去看某一些應該要看清楚的人際關係。提醒自己用不同的角度來理解，放下那份內在的恐懼以及緊抓的執著，就能夠在這一年展翅高飛。掌握自身的內在地圖：藍鷹的能量將協助你內在擁有一張可運用資源的地圖，幫助你更好地協調和解決各種問題。

這一年的引導：

- 一點家族：引導是自己——白世界橋，具有雙倍力量，專注於活出流年主印記圖騰的力量。透過內心溝通，讓理性與感性連結，引導找到夢想的方向。
- 二點家族：白鏡引導，協助像鏡子般看透人性和生活周遭的事物，從中獲得清晰的指引和訊息。
- 三點家族：引導是白狗，充滿愛與無條件的愛為引導，幫助面對失去與死亡，並回歸內在的智慧。
- 四點家族：引導是白風，特別在於說話與溝通，作為連結的橋梁傳遞意念，適合擔任溝通協調者的角色。
- 橫線家族：引導是白巫師，擁有引領內在意念、協助實踐夢想的能力。

給藍手流年的一封信

親愛的朋友，

當你進入藍手的流年，代表顏色是藍色，你的生命在今年將完成你想要完成的，注重如何克服停滯不前的挑戰，進而實現更多的成就和療癒。

藍手這一年，主要就是創造，並完成想要做的事情，是很有效率的一年。或許有一直想要完成的事情，可能會有點停滯不前或者容易想太多而造成進度緩慢，在藍手的這一年有機會可以完成你想要完成的，放下過度理想化的期待，讓自己一步一腳印、拆解步驟，就能夠讓自己增加更多的信心，破除自我懷疑、慢慢完成，慢慢前進，會有很好的成效。

讓今年的計劃能夠真實的採取行動，並且落實的去完成，是一整年最重要的核心！

實際的行動，能夠為自己帶來生命中更大的創造性，而且整個歷程是非常療癒的，這些成就感，能夠讓自己獲得更大的對生命的支持以及資源。

透過雙手，對自己身體的碰觸撫摸，可以有非常好的能量傳遞，如果在這一年能夠去學習一些雙手當成療癒管道的課程，或是有興趣的手工創作才藝，是一個非常好的機會喔！

黃人在支持的位置，協助藍手放下他人的眼光，能夠為自己生活當中的自由，以及目前生命階段想要的渴望進一步的行動與創造，今年會在生活上帶給自己全新階段的改變。

紅地球在挑戰擴展的位置，協助藍手看到生活中許多共時的巧妙安排、重複出現的徵兆，這些都是提醒自己往哪一個方向去行動的重要導航關鍵。彷彿是地球媽媽在跟自己說：往這個方向去就對了！

白巫師在隱藏推動的位置，協助藍手在創造的過程當中，先在內心有一個意念的觀賞版本，先進行內心世界的感覺與感受，並且接收整個畫面，以及打開創造通道的可能性，讓整個能量在創造的過程當中更加的順暢。

這一年的引導：

- 一點家族：將會感受到雙倍的藍手創造力和能量。這一年，專注於活出你的流年主印記圖騰，也就是你內在最深層的願望和目標。這會引導你找到實現夢想的方向，通過自我引導和內在智慧，你會更容易創造豐盛和吸引成功的機會。
- 二點家族：引導是藍風暴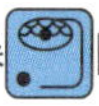的力量。這意味著你的行動將帶來顯著的改變和改革。當你開始採取行動時，會催化許多事情的轉變和重建。這一年將是推動事物向前發展的關鍵時刻，你的決斷和行動將具有深遠的影響力。
- 三點家族：引導是藍猴，代表著玩樂和創意的力量。在面對生命中有意義的事情時，試著保持輕鬆和有趣的態度。這將幫助你從中獲得指引和訊息，同時享受創造過程中的樂趣。
- 四點家族：藍夜是你的引導，這象徵著豐盛和夢想的實現。在這一年中，你的夢想將引領著你的行動方向，你會更容易實現和完成你所設定的目標。這是一個實踐力和夢想同步前進的時刻。
- 橫線家族：引導是藍鷹，代表著較大的格局和遠見。在進行任何事情時，考慮如何讓未來變得更好是很重要的。你的行動將會有助於未來三到五年內的成長和進步，這需要你遠見和持久的努力。

給黃星星流年的一封信

親愛的朋友，

當你進入黃星星的流年，代表顏色是黃色，這一年將充滿靈感與創意的閃現，這些靈感能運用在藝術創作、生活美感以及創意發想上。

黃星星的這一年會是相當美麗綻放的一年，所有的靈感湧現匯聚於今年，把所有最美麗的靈感以及訊息接收之後轉譯並輸出，變成美麗的創作以及各式各樣的作品，在生活中表達出來。

在這一年也會有一種藝術家的特性，除了龜毛挑剔，還會相當要求完美。不只是對自己的自我挑剔，更會挑剔身邊的人，要求極致的標準，要做到一定完美的程度。

藍猴是今年的支持，會讓黃星星的靈感有更多清晰的真相與洞見，不會落入虛幻的自我想像與執著之中。並且在幽默感的轉化之下，所有的靈感都帶著高度的詼諧，是個輕鬆而且開展的一年。

白鏡在黃星星的挑戰擴展位置，這個能量會讓這一年顯得有些犀利，感覺說出來的話有點刺耳並不討好，很直接的反應他人的狀態，並且表達出來。透過這些歷程，更清晰看見自己的內在真實的狀態，能夠擴展自己的生命。

紅天行者在隱藏推動的位置，對於黃星星的這一年會想要去拜訪沒有探索過的地方，發現不同美麗的世界。在移動當中展現自己的優雅能量，這些移動探索以及旅行的過程也是重要的靈感來源。

這一年的引導：

- 一點家族：引導是自己，具有雙倍黃星星能量的引導，能接收來自

上天的訊息。這一年如果需要指引和啟發，可以常去觀星，在星空下接收訊息，尤其是在晚上，靈感會特別豐富。

- 二點家族：引導是黃太陽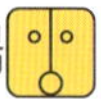，這是溫暖的藝術家。這一年透過生命的鍛煉，黃太陽能帶來覺醒和開悟的力量，也能協助自己和他人。把生命中的優雅美感，以智慧的方式傳遞出去。
- 三點家族：引導是黃人，最熱愛自由的存在。如果黃星星人在這一年對某件事充滿熱情，會毫不猶豫地前進，任性隨心。這種自由的頻率能協助黃星星更閃耀。在合作時，也需要給予絕對的自由，讓其能量充分發揮。
- 四點家族：引導是黃種子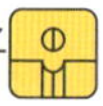，這是穩定和耐心的象徵。黃星星人在這一年需要允許自己用更多時間來醞釀創意、等待靈感湧現。從種子變成大樹需要時間，同時，需要耐心等待，讓夢想茁壯。
- 橫線家族：引導是黃戰士，這一年需要勇氣去實踐夢想。在面對生命中的許多事情時，要更勇敢，並通過提問獲得智慧的指引。在面對和解決問題時，用更高層次的智慧綻放光彩。

給紅月流年的一封信

親愛的朋友，

當你進入紅月的流年，代表顏色是紅色，在紅月流年的這一年，你將進入一個深刻的情感淨化過程。

這一年，紅月的能量將帶領你面對和處理情緒，讓你更加細膩感知到內心的變化和流動。這年的優勢在於能夠以溫柔和慈悲的態度，幫助自己和他人表達和釋放情感。這樣的能力使你在從事與人互動的工作中，特別是情緒相關、療癒系的工作時能夠如魚得水，尤其是在服務業或心靈療癒領域中，你能夠發揮出色的同理心和關懷的力量。

這一年，你會需要學習「如何讓情緒自由流動而不被壓抑」的課題。當情緒出現時，避免急於分析或批判它們，而允許情感自然表達，讓感受自然浮現出來。你的情緒可能會波動不定，這時就可以鍛鍊高度的自我覺察能力，學會如何接受自己的感受，並回應這些內心變化。

現代社會的快節奏和外界壓力變化快速，也可能使你難以保持內心的平靜。學會利用水元素的療癒工具，如精油、花精等，將有助於促進情緒的流動和身心的平衡。這一年，讓自己多從事能夠帶來內心滿足的活動，例如音樂、運動或創作，這些都能幫助你維持情感的健康流動。

白狗在支持的位置，這種鼓勵彼此成長的互為支持關係，會在你的生活中展現感受上的無條件支持自己。白狗的能量促使你更加體貼和包容自己，當情緒波動時，這種支持能夠幫助你更加溫柔地對待自己的感受，學會以愛的方式接納而非批判這些情緒。這種支持意味著，你在面對內心的情感流動時，能夠感受到深刻的安慰和理解，這將促使你更好地照顧自己的情感需求，並誠實地回應內在的感受。

藍風暴在挑戰擴展的位置，在這一年，藍風暴會帶來改變和蛻變的挑戰，這會促使你面對那些你不熟悉的部分。這種挑戰可能會引起你的恐懼，但實際上，它們是推動你成長的力量。當你勇敢地面對這些恐懼，並勇敢探索情緒的深層意義時，你會發現自己能夠在生命中打開更多的可能性。這種挑戰鼓勵你不再害怕負面情緒，而是擴展對情緒的理解，明白其所帶來的愛與禮物。

紅月的隱藏推動來自於黃人的自由意願。黃人的能量在紅月中，顯現為一種內在的渴望，多麼想要自由表達想法和情感。不過，這隱藏的部分常被壓抑，也凸顯出這是紅月年需要學習的重要課題。你可能會發現自己難以在他人面前自然地表達情緒，但學會如何讓情感自由流動，並為自己的情緒負起責任，將是這一年中關鍵的成長點。這種學習過程將幫助你更好地處理情感，並允許自己以真實的方式表達內心的感受，從而實現更深層次的自我了解和接受。

這一年的引導：

- 一點家族：引導是自己——紅月，擁有雙倍的自我療癒能量，可以透過與他人分享和討論來激發靈感，明白內心的聲音與方向，並引導自我探索。
- 二點家族：引導是紅龍，這個指導力來自於家族和古老智慧，適合從事家庭療癒或內在小孩工作，利用這些工具和力量來獲得深層的情感指引。
- 三點家族：引導是紅天行者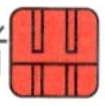，透過靜心冥想或時空旅行，探索不同的能量場和療癒頻率，可以進入水晶療癒或心靈花園中獲取指引。
- 四點家族：引導是紅蛇，這一年需要重視身體的能量流動與覺察，讓身體的活動來引導內在的身心靈能量，保持身體的敏銳度。
- 橫線家族：引導是是紅地球，適合利用大自然的力量來獲取指引，藉由接觸花草植物、精油療癒或在旅行中與大自然連繫，來接受大地的療癒力量。

給白狗流年的一封信

親愛的朋友，

當你進入白狗的流年，代表顏色是白色，在這個白狗流年的旅程中，期待著你學習和體驗愛、忠誠以及奉獻與服務的力量。

在白狗流年的這一年最關鍵的，是關注並且感受自己的心，可以這樣問問自己：「什麼才是我的心所想要的？什麼才是我內在真正感受的並且想要表達出來的？我有先照顧到我自己嗎？我有先把自己照顧好嗎？還是我都在忙著照顧別人呢？」

成為自己的白狗，是在白狗流年當中最重要的任務。「成為自己的白狗」，意思是說成為自己真正的內心守護者，忠誠地服務自己的生命。

白狗流年的學習永遠都跟「愛」有關，特別是與「接納自己」有非常深的連結。

紅月在挑戰的位置，協助白狗這一年能夠更加去感受情緒的流動，去感受內在感覺的千變萬化，如實地看見自己各種情緒，並且允許這些情緒浮現上來，才有機會去修復並且療癒。

黃太陽在挑戰擴展的位置，提醒了白狗這一年，溫暖與愛要先放在服務自己的生命，優先次序如果顛倒、錯置了，忙著服務他人而忘了先關懷關心自己，那真的這一年會讓自己焦頭爛額並失去自我。

把自己的心安頓了，就更容易讓隱藏推動的藍猴可以現身，以內在情緒感受的愛為出發點，然後就能夠幽默活潑的生活著，創造更多的喜悅跟樂趣，能夠帶著自己的心一起玩耍。

讓內在的調皮搗蛋開心的小猴子出來吧！別老是在桌子底下搞些耍猴戲以及小把戲，進入內在糾結的小劇場之頭腦模式，真的會讓自己被耍得團團轉呢！仔細看見劇場版的自己「又在搞什麼東西」！？什麼頭腦的花招？記得透過哈哈大笑！把自己帶回愛的源頭之中。

這一年的引導：

- 一點家族：引導是自己——白狗，對自己的夢想和力量保持忠誠，從內在獲得能量和力氣去愛自己和他人。
- 二點家族：引導是白風，通過溝通和表達來實現心中的夢想，從精神領域中獲得智慧。
- 三點家族：引導是白巫師，「心」引領答案，實現夢想，對內在力量和神祕學的興趣。
- 四點家族：引導是白世界橋，連接人群，結束不適合的關係，學會愛的智慧和力量。
- 橫線家族：引導是白鏡，善待自己，從自我接納中實現夢想，別人是自己內在的投射。

給藍猴流年的一封信

親愛的朋友，

當你進入藍猴的流年，代表顏色是藍色，這一年，你將學會如何在生活中融入更多的遊戲精神，放下那些過於嚴肅和拘謹的態度，將生命視為一場遊戲，擁有一顆玩耍的心。

藍猴流年的這一年，最重要的是與自己的頭腦劇場進行一場完美合作的演出，你就是自己生命的創造大師。重點來了，不要自己過度腦補，不要自己假會，更不要陷入自己腦袋是非對錯輸贏的對抗戰。

在這一年，我們特別帶有一個清晰的幽默感，知道自己所面對的生活狀態是個什麼樣的荒唐劇本，能夠以真實的看見去辨識出在這一年當中自己頭腦在玩什麼樣的把戲。讓這股轉化的能量，彷彿就像是魔術師一般，知道哪一些是真的，哪一些又是假的，可以不被虛幻所騙。

在這一年就是真真實實的，把生活當成遊戲場，無論是面對家庭工作或者是關係都能夠帶有一種幽默感的智慧來玩耍，如此一來就能夠玩出新高度、玩出心智慧。

黃星星在支持的位置，更加協助我們看到這一整年，當中生活就是一種幽默的藝術，很適合在這一年進行藝術形式的玩耍以及創作，參與各種的藝術活動。

在紅龍的挑戰擴展的位置，能夠協助我們在這一整年面對循環重複的業力事件時，能夠幽默以對，更清晰的看見自己是如何被自己的頭腦要得團團轉，同時能夠看見過去的經驗是如何擴展我們的意識。

白狗在隱藏推動的位置，協助我們認出宇宙總是從幽默的遊戲當中，讓我們認出內在最核心是一份愛，對自己有足夠的幽默感與輕鬆就是一種愛自己的表現。

這一年的引導：

- 一點家族：引導是自己——藍猴，具備雙倍幽默的力量，學習自我幽默，開自己玩笑，避免被自作聰明所誤。取悅自己和他人，提升生活中的幽默感。
- 二點家族：引導是藍夜，協助實踐夢想，讓夢想引領方向。適合將「遊戲」和「夢想」結合，也可以從夢境中尋求指引與方向。
- 三點家族：引導是藍鷹，提供廣闊的視野，將夢想的眼光放得更遠。在憤怒或緊繃時，藍鷹幫助看清人生的寬廣，化解困境，重新找回幽默感。
- 四點家族：引導是藍手，把幽默有趣的點子付諸實行，透過實際行動創造出來。適合進行手作或創意實踐，例如創作教具或具體產品。
- 橫線家族：引導是藍風暴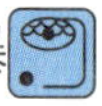，具備強大的轉化力，協助突破困難，進行打掉重練，並在追尋夢想的道路上進行轉化和鍛煉，不害怕改變。

給黃人流年的一封信

親愛的朋友，

當你進入黃人的流年，代表顏色是黃色，你將有機會進一步探索自我，發揮創造力，並尋找實現真正自由的方式，是一個充滿潛力和機會的一年。

黃人的這一年迎接我們的是自由自在開心的一年，因此也會有一些議題需要在這一年當中去面對。關於自己想做的選擇與決定，確實會有些糾結與不安，不知道該怎麼選擇比較好？這時候最佳的判斷校準的關鍵就是：哪一個選擇能夠讓我感受到比較多的自由與安心的感覺，即便這個選擇可能會為自己帶來一些情緒上的痛苦以及失落的歷程，甚至也會覺得自己這樣是不是會很自私，或者傷害到了身邊重要的人而感到自責愧疚。

這時候必須要鍛鍊的是，可以與他人聊聊，詢問他人的意見，同時回來校正自己心中真正想要為自己而活的決定，對自己有更多的溫柔及寬容，給自己多一些時間與空間做出對自己最適合的選擇，在這樣的過程當中並非一意孤行，也不是太過自我膨脹以及執著。藉由黃人的智慧可以帶領自己在這一年當中做出最適合自己此刻當下的決定。

藍手在支持的位置，協助黃人在這一年去實踐自己的學習，將獲得的知識與智慧學以致用知行合一，為自己真正採取行動。

白風協助我們挑戰擴展，將我們原本自己腦袋認為「這個並不需要說出來，說了也沒用，說了你也不懂」這種不需要言說，以及自己放在心中的語言，能夠有機會先說給自己聽。

白風，結合了隱藏推動紅月的情緒感受，兩者能夠一起協助黃人在這一年，更多時刻透過與內在的自己對話，可以重新整合自己的生命，並且讓內在真實的感覺能夠浮現上來，有機會去看見並且擁抱，讓生命當中這些沒有機會表達的聲音，以及感覺感受，都能夠在這一年重新認回來，如實的看見自己在感受些什麼，並且情緒可以被流動且淨化了，讓這些生命經驗有機會現身並且轉化成為我們的推動力。

這一年的引導：

- 一點家族：引導是自己，具有黃人的雙倍力量，這一年特別需要清楚了解自己的需求和想法。學習傾聽和尊重他人的意見，通過討論和靈感激盪，能更清楚自己內心的聲音和未來方向。
- 二點家族：引導是黃種子，耐心等待和目標清晰。允許自己有更多時間來發展和醞釀想法，讓夢想從萌芽到成熟，逐漸茁壯成長。
- 三點家族：引導是黃戰士，鼓勵勇敢發聲，為自己提問和尋求答案。利用戰士的力量，勇敢面對挑戰，找到解決問題的方案，並實踐自己的夢想。
- 四點家族：引導是黃星星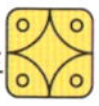，強調藝術和優雅的品質。這一年，黃人非常適合從事與黃星星特質相關的工作，如藝術、傳播媒體、線上互聯網等。可以透過畫畫、電影、音樂等方式來接收夢想的指引。
- 橫線家族：引導是黃太陽，強調分享生命智慧和經驗，發揮自身的光芒與力量。這一年，你會發現自己在幫助他人的同時，也能更好地理解和實現自己的夢想。

給紅天行者流年的一封信

親愛的朋友，

當你進入紅天行者的流年，代表顏色是紅色，是一個充滿探索、移動、覺醒的年度。這一年，你將會被推動去探索新的領域、追求自由和變化，並且在不同的空間和時空中移動穿梭。

在紅天行者的這一年，到處移動跑來跑去都是一整年的常態，你會有很多新的體驗，會接觸到全新的事物以及認識不同與原本所接觸的環境，所以在這一年會引發你強大的好奇心，你會很想要去探索你沒有探索過的事情，以及前往沒有去過的地方，你會參與沒有體驗過的活動，也會渴望尋求改變，而且會在各種不同的嘗試中開始新的發展。

在這一年，可以學習如何讓自己更加的落實。對於自己充滿理想性的想像，若沒有實際行動，會讓自己的生活太飄忽不定，需要在各種的體驗過程當中落實自己的生活，並且多練習靜心冥想讓自己穩定與扎根。學會在切換的移動當中找到內在的平靜，讓自己更加穩定落實，這是你在這一年中需要關注的課題。擁抱變化，探索新事物，你將會在這一年中獲得豐富的經驗和成長。

在嘗試不同的體驗之中，你會突然有「醒來」的感覺！你會明白自己適合什麼、或者不適合什麼，體驗過後就會更知道什麼樣的關係是最適合自己的，參與什麼樣的計劃與做著什麼樣的事情是自己想要的和不想要的，這些都會在實際的體驗過程中對自己有更多的探索以及新發現，因此能夠重新校準自己真正想要的方向。

白世界橋在支持的位置，能夠協助紅天行者的這一年放下「一定要怎麼樣」的執著，也會從一些事情的經驗當中去體會到，很多時候並不能照著自己想像的版本進行，生活中會有些無常發生。所以面對一些失落以及失去，是在這一年必須要學習的課題。同時白世界橋的能量也會支持這一年有更大的成長以及更多新的探索領域的實際參與。

在藍夜的挑戰擴展能量中，會有面臨金錢的焦慮，以及物質世界、生活中實際面對金錢的計劃也有感到不安。理財投資要更加注意當中會有的風險，同時對於自己夢想，以及想做的計劃在今年也會有很大的可能性與開展，執行很多計劃與項目，不同面向的領域都很想有新嘗試。

黃星星在隱藏推動的位置，常常會有美麗的事，暗暗在這一年當中發生。當生活中有不順心或者不如意的事情時，也能夠認出這是一份隱藏的美麗禮物。另外，今年也有機會開始接觸關於美感相關、藝術相關的事物或事業，讓自己在紅天行者忙碌探索跟奔波的一年當中，讓自己保持優雅美麗的狀態與節奏。

這一年的引導：

- 一點家族：引導是自己，紅天行者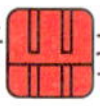擁有雙倍的力量，專注活出流年主印記圖騰的力量，特別自主，由自己決定探索和體驗的方向。這一年，強調自己的人生由自己引導，學會在探索中找到自己的路。
- 二點家族：引導是是紅蛇，協助紅天行者朝著夢想實踐的道路，特別適合進行身體能量的探索。學習對身體的覺察與關照，從事包括中醫、健身、養身等工作，通過身體的照顧和探索來實現夢想。
- 三點家族：引導是紅地球，對於天然的東西特別有感覺，接受大自然給予的指引。接觸水晶、旅行、身處於大自然中，並通過這些方式接收訊息和靜心，這一年在大自然中尋找平靜和啟示。
- 四點家族：引導是是紅月，具有療癒師的天賦特質，能引導自己和他人的情緒流動。具備同理心和敏感度，適合結合靜心進行情緒療癒，這

一年學會理解和處理情緒，並在幫助他人中找到自我價值。

- 橫線家族：引導是紅龍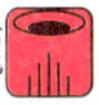，對古文明和古老智慧特別感興趣。這一年可以透過塔羅牌、13月亮曆等古老智慧獲得指引，或通過家人長輩的分享和交流，從中獲得有益的指導和啟發。

給白巫師流年的一封信

親愛的朋友，

當你進入白巫師的流年，代表顏色是白色，在白巫師的流年中，你最重要的是：如何顯化我的內在渴望？這是向內走的一年，向內心探索，而非向外尋求。

顯化內在渴望的過程，是深入的內在探索和自我覺察。這一年，你需要專注於如何從內心找到真正的渴望，而不是依賴外在環境或他人的期望。

這年也有機會體驗到內在魔法能量，你是有魔法的巫師，這一年的優勢在於能夠藉由靜心、祈禱和對準真心的純然意願，讓願望實現來施展自己的魔法。這是一段讓你能夠深入內心，感受到「無時間限制」的奇妙旅程。你會發現，通過閉上眼睛靜心冥想，可以接收到來自未來的指引，並用這些智慧來顯化你的願望。你的內在力量將成為顯化生活中一切可能性的關鍵。

然而，你也需要特別注意一些課題。首先，你需要學會跳脫時間的束縛，避免在時間安排上過於嚴格或缺乏時間觀念，找到一個平衡點，使自己能夠在彈性與放鬆中運作。其次，白巫師需要學會將注意力從外在的求索轉向內在的覺察，透過反思內在的情感和意念，了解自己的需求與學習的課題，從而正確運用心的力量。這一年你將發現，通過對內在的專注與探索，你能更好地施展內心魔法，實現自身的潛力與願望。

這一年對於內在的願望與目標，建立視覺化的練習也是非常有幫助的。你可以創建夢想板（視覺化的具體藍圖）或願景板，將你希望實現的願望以圖像和文字的形式呈現出來，放在你每天都能看到的地方。這樣的視覺化能夠加強你對渴望的連結，並激發內在的動力去實現它們。

進行內在的探索與反思，可以透過書寫日記、創意表達或與信任的人交談，將你的感受和想法具體化。這樣的過程不僅能夠幫助你更清楚地理解自己的渴望，還能幫助你識別內在的障礙和限制，進而找到釋放和轉化的途徑。

紅蛇在支持的位置，提供了強大的生命力。紅蛇的能量能幫助你深入挖掘內心，看到那些需要變革的部分。像是一股強大的力量，轉動你去釋放掉那些不再符合當前生活的陳舊觀念和信念。在這一年中，你可能會感受到內在的蛻變力量，這種轉變會讓你更清晰地理解哪些部分需要放下，並促進你以更強大的生命力前行。透過這樣的支持，你將能夠在內心深處完成一次深刻的淨化和重生。

面對黃種子的挑戰位置，你將被促使擴展你的能量和信心。黃種子的能量挑戰你超越熟悉安逸的生活圈，幫助你在閉上眼睛進行心靈創造時，提升對目標的清晰度。這個過程會讓你在等待成果的同時，學會耐心和信任內在的潛能。你會被迫面對自己內心深處的無限可能性，並學會在等待中維持信心，這種挑戰將引導你更深入地了解自己。

藍手的隱藏推動能量，鼓勵你將內在的意念轉化為具體的行動。藍手的實踐性和手作能力會促使你把觀想的畫面實際地呈現出來。例如，這一年你可能會發現自己透過親手編織、創作或製作一些實際的物品，來把你的內在願望具體化。這種隱藏的推動力量將幫助你將心靈中的魔法和能量實際地落實到現實生活中，增強你的執行力和實踐能力。

這一年的引導：

- 一點家族：引導是自己——白巫師，只要專注於自己的流年主印記圖騰，並深信內在擁有一切的答案，你就能在面對夢想實踐過程中的疑惑時，找到解答。與他人交流，分享你的想法，然後再次回到內在的探索中，這樣可以發揮你強

大的生命力，將內心的願望具體化為現實。

- 二點家族：引導是白世界橋，這年白巫師擁有連接天地的能力，能夠在天地與人之間架起一座橋梁，使能量的流動更加順暢。通過這種連接，他們能夠在實踐魔法和施展力量的過程中，保持與更高層次的宇宙能量同步，達到心靈的整合和平衡。
- 三點家族：引導是白鏡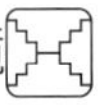，今年擅長看清內心和宇宙中的法則。像是生命的放大鏡，能夠透過心念觀察和創造各種可能性。在這一年中，他們的使命是深入理解宇宙的運作規律，並運用這些智慧去顯化和實踐內心的願景，將所見所感轉化為現實中的力量。
- 四點家族：引導是白狗，這一年特別有愛和溫暖。他們的能量源自於對自我的愛和忠誠，這種愛的力量能夠引領他們朝向更高的境界和生命的可能性。真誠地愛自己，他們能夠在這一年中探索更大的潛能，實現更高的自我。
- 橫線家族：引導是白風，今年能在與他人溝通和分享中獲得指引。很適合擔任心靈領域的傳遞者或教師，通過講述和分享，他們能夠幫助自己和他人壯大邁向夢想的力量。他們的溝通能力將是實現目標的重要工具，使他們能夠在這一年中發揮更大的影響力。

給藍鷹流年的一封信

親愛的朋友，

當你進入藍鷹的流年，代表顏色是藍色，將經歷一個充滿洞察力和創造力的時期。

藍鷹的這一年最重要的是能夠在生命當中持續的「往未來創造」，這個未來創造的意思是：不能一直停留在過去，而是要把過去的經驗再向上拉高一個高度，再往上攀登一個樓層，就能夠看清楚什麼才是更寬廣的，並且往更長遠的目標去思考，像是大我整體的角度來觀看。

目標、計劃、以及眼界，不會只是放在短期，更多的是有一種前瞻性以及趨勢的觀點。

透過黃種子的支持，能夠協助自己看清楚之後，設立好目標，把目標安放下來，很落實的在生活中去扎根練習，並且記得給予自己更多的信心與鼓勵。

紅蛇在挑戰的位置，對於藍鷹這一年來說，確實會有些身體行動力的擴展機會。藍鷹的課題往往是「想得太多」，但是行動力以及落實的部分稍嫌不足，就像是看了很久卻沒有實際的採取行動。因此，「強化行動力」這個部分也是藍鷹流年特別必須要提醒自己的練習。

隱藏推動是白世界橋的位置，會有一種不想去看見的「結束」課題必須要面對，可能是結束一個工作狀態，或者是一個生命的離開，要讓自己能夠在這一年做好心理準備，好好的去放下，安頓這個結束的不安與焦慮。當自己在結束的課題能夠修煉得更有心理強度時，這時候內在的力量就能夠再次轉化為溝通協調的本能天賦，讓白世界橋能夠為自己想要做的計劃跟夢想，連接到更多更美好的人際關係與緣分，這個溝通協調者的角色頻率會是一股滿大的推動力。

這一年的引導：

- 一點家族：引導是自己——藍鷹，練習用更高維度、第三方的角度觀察自己，觀察自己在做什麼、思考什麼，進行自我對話和引導。
- 二點家族：引導是藍手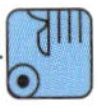，協助實踐與創造，指引落實步驟，避免空想，專注於具體的執行和落實。
- 三點家族：引導是藍風暴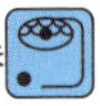，面對變化和改革時，不害怕改變，學會行動和蛻變，抓住打掉重練的時機，加速生命的改變與前進。
- 四點家族：引導是藍猴，運用遊戲和幽默感，讓事情變得有趣和開放，在遊戲中獲得指引與方向，使生命更加開闊。
- 橫線家族：引導是藍夜，對焦於豐盛的頻率，勇敢追尋夢想，讓豐盛能量引領自己飛得更遠，帶來更大的開展。

給黃戰士流年的一封信

親愛的朋友，

當你進入黃戰士的流年，代表顏色是黃色，你將勇敢面對恐懼，發展智慧，並且開拓人生的道路。利用你的無畏精神和智慧，迎接每一個挑戰，成為一位真正的開創者。

黃戰士的流年，會有一種「這一年也太精彩了吧！」的這種感覺，可能會感受到以下這些困惑：問題還真多呢！好煩喔，連這個也要問我嗎？真是不想面對這件事情，這也要我處理？事情也太多了吧～～

你會在這一年冒出腦袋裡面對生命的提問：我真的要繼續這個工作嗎？我真的要繼續這段關係嗎？我為什麼不敢提出我的想法？我到底在怕什麼？

這一年會有滿多機會來讓你看見自己的內在，尤其是比較需要勇氣的時刻，會有些比較膽小的部分浮上檯面，這是一個絕佳的好機會去鍛鍊面對問題的勇氣。

藍夜，在支持的位置，能夠為自己的夢想挺身而出，更有力量去實踐，把自己內在直覺化為行動。

白世界橋，在挑戰的位置，總是能夠擴展當我們要面對結束的時候，每一個心裡面的害怕與脆弱。這是一個等待我們用愛去鼓舞自己的一年，讓自己內在的篤定化身為生命的智慧與勇氣。

紅蛇，在隱藏的位置，也是讓我們比較容易在這一年忽略了身體的感受，而落入黃戰士的腦袋「悶著頭一直想」的消耗能量之中，這是需要特別注意提醒自己的部分，多回到與身體的連結，讓身體的能量成為自己生命熱情的燃料，讓生命力與健康的頻率可以成為自己戰士的行動力。

這一年的引導：

- 一點家族：引導是自己——黃戰士，具有雙倍勇氣，通過自身生命的智慧引領，提供勇氣和力量的指引。在遇到困境時，可以透過討論和自我提問來激發內在智慧。鼓勵多提問和自問自答，以激發更多智慧。
- 二點家族：引導是黃星星，喜歡音樂和藝術，透過這些活動獲得靈感和指引。適合從事網絡和線上平台等相關工作，將黃星星的美感和天賦運用於夢想方向，讓夢想變得更清晰。
- 三點家族：引導是黃太陽，累積了不少智慧，黃太陽的光芒與方向引導黃戰士覺醒與開悟。這一年，黃戰士將成為勇敢的生命戰士，發光發熱，協助他人前進。
- 四點家族：引導是黃人，追尋自由，讓黃戰士更勇敢，能做出不一樣的決定。以自由為引導前進，勇於負責，展現勇氣和獨立性。
- 橫線家族：引導是黃種子，學會耐心，給自己足夠的時間探索目標。允許自己在生命中慢慢扎根，種下種子，待成熟時自然綻放生命的果實。

給紅地球流年的一封信

親愛的朋友，

當你進入紅地球的流年，代表顏色是紅色，探索自然、信任生命的指引，並學會如何在接受當下的過程中發展自己的潛力。利用你的自然連結和探索精神，迎接每一個挑戰，實現生命的成長。

在紅地球的這一年，最重要的是找到自己生命此刻的方向。你可能會感受到迷惑，也會覺得這是常常迷路的一年。尤其在「人生中迷路了」失去方向了，該怎麼辦呢？究竟我可以怎麼做呢？真的是很需要鍛鍊信任與臣服的一年呀！

主要課題是學習「臣服」。臣服意味著接受生命的流動，而不是抗拒或批評。遇到困境時，學會全然接受當下的狀況，並放下抵抗，才能順流而行。當你全然接受現狀後，積極行動將是關鍵。臣服於當下將引領你回到順流狀態，幫助你脫離困境，迎接新的機會和挑戰。

在紅地球的流年，也會經歷到很多我們稱為「巧合」的事，就是「共時」的事情一直在生活中不斷地冒出來。最常讚嘆的一句話是也太神奇了吧！也太巧了吧！宇宙真的為我這樣安排，真的是不可思議！

彷彿感覺能夠為自己自動導航出生活世間的道路，不用刻意安排，好像自動都安排好了。

這年，你會很嚮往大自然，與動物、植物、水晶礦物有更多的連結，想要更多與自然療法、地球母親的頻率學習，還有更多旅行的渴望與安排。你也會感受到有很多，原本只是在想像中的一些想法，在這一年都會變得非常落實，彷彿看清楚了實際的生活狀況，必須去認真思考以及做一些調整。

白風在支持的位置，協助紅地球內在的心思意念以及精神層面的想法，都能能夠更落地行動，特別挑選天然的食材、以及天然能量的食物，還有精神層次的，符合地球母親頻率的系統來做精神糧食的學習。

藍手，在挑戰擴展的位置，特別在這一年擴展了我們採取行動，並且把行動力一步一腳印的去完成自己想要做的計劃。

黃種子在隱藏推動的位置，協助我們在這一年設立好目標之後，就信任的放下，能夠享受生命的旅程，讓地球母親能夠為我們導航以及安排。

這一年的引導：

- 一點家族：引導是自己，擁有雙倍紅地球的力量，強調在生命中認識共時與導航的能量。通過這種認知，能夠更加順流和臣服，觀察到生命中的安排。
- 二點家族：引導是紅月，引領前往大自然進行情緒療癒與釋放。具備療癒師的特質，能夠引導自己和他人的情緒流動，擁有同理心和敏銳度。
- 三點家族：引導是紅龍，協助探索古老智慧，適合參訪古文明和古蹟。探索地球上的聖地和古蹟旅行，與古老智慧連結。
- 四點家族：引導是紅天行者，在移動過程中使用靜心冥想來回到內在穩定，進行地球母親的「彩虹橋靜心」。適合常做靜心冥想，穩定中扎根。
- 橫線家族：引導是紅蛇。激發熱情的事物，注意身體的訊息，尋找那些讓你感到怦然心動的活動，選擇天然食品。

給白鏡流年的一封信

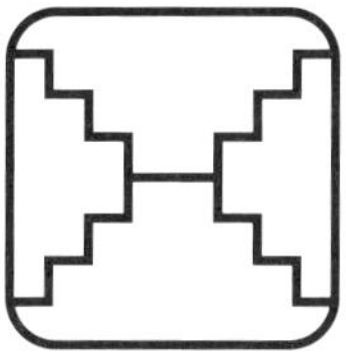

親愛的朋友，

當你進入白鏡的流年，代表顏色是白色，白鏡流年的主題是透過生活事件來反映自我，明白所有物質現象都是我們內在狀態的投射。這一年，白鏡的力量提醒我們要清晰地看見自己，理解和接納生活中的一切都是自己的反射，從而成長和提升。

白鏡的這一年，你瞬間化身為放大鏡，對於身邊的人事物會有非常清晰的敏感度以及覺察的能力，偶爾會變成照妖鏡，清楚的反映出身邊人的狀態，也會需要更清晰的去看見，自己都在內心做出什麼反應以及回應模式。因此在這一年需要去觀照，並且調整改變自己舊有的習慣，看見一直以來的因應模式是如何循環，看見在人事物的應對進退之中是如何投射自己的習性。

在這一年，鏡子清晰的特質是很好的天賦，更是宇宙給你的配備，尤其是在工作中能清晰的指出自己所看見的部分，清透的邏輯思維以及條理分析，在事物的處理上面會更加順暢。

今年要修煉的課題，會是注意自己的「地雷區」。可能會因為別人的反應或者一句話，心臟爆擊、被戳中了自己最在意的點。「為何別人一直踩到我的雷！為何別人說的每句話都戳中我的心！」或者「我最在意的點在哪裡？你應該知道吧？還這樣故意戳中我」這些都是來讓自己修煉去看見自己內在有多少個在意的地雷區，需要好好拆卸容易被引爆的炸彈，所以這也算是拆炸彈的一年。

最好的方式就是：對自己的接納。看見自己有哪一些限制或框架，不允許別人的某種展現，接納自己心中會有很多批判的聲音，這些都是一個擦亮白鏡的過程。把這清晰的判斷以及反應，放在適合的情境之中，就會變成是自己在這一年生活中的最佳利器。

把鏡子拿來多照照自己，並且用更多接納以及溫柔的態度回照給身邊的人。照出自己和其他人內在以及外在的優勢力量，多給予溫暖的肯定，是在這一年當中可以做到的。

紅龍在白鏡的支持位置，能夠協助我們有許多支持的力量都是來自於過去的生命經驗，若不是自己身上擁有的力量，你也不會看得這麼清楚！就是因為自己曾經有過這些生命經驗，所以才會特別在這一年當中又被放大來讓自己仔細瞧瞧。因此這一年也非常值得探索過往生命經驗，好好回顧生命歷程，重新整理接納並滋養自己的一年，尤其是在關於原生家庭的經驗以及童年的自己，在生命的時間軸裡頭曾經的發生，與內在小孩的對話，都會有一個很好的整合。

黃星星在挑戰擴展的位置，協助我們向內觀照，並且在探索自己的時候有更多的優雅及藝術媒材可以陪伴對自己愛的旅程，例如透過音樂讓自己進入靜心觀照的冥想之中。藝術的形式能夠打開內在的盲點，幫助白鏡人看見自己不熟悉的面向。因此，在這一年中，可以充分利用藝術來進行自我探索與療癒。

接著整合搭配隱藏力量，掌管潛意識訊息跟內在直覺的藍夜，今年是在隱藏推動的位置，透過藝術形式或者繪畫的創作，讓自己跟情緒對話，自己內在的潛意識都在運作些什麼。是個非常好的機會，可以運用潛意識的課程及媒材來協助自己，在這一年，把被忽略的或者不想看見的部分重新接納回來，這些資源都將會成為自己夢想計劃的推手。

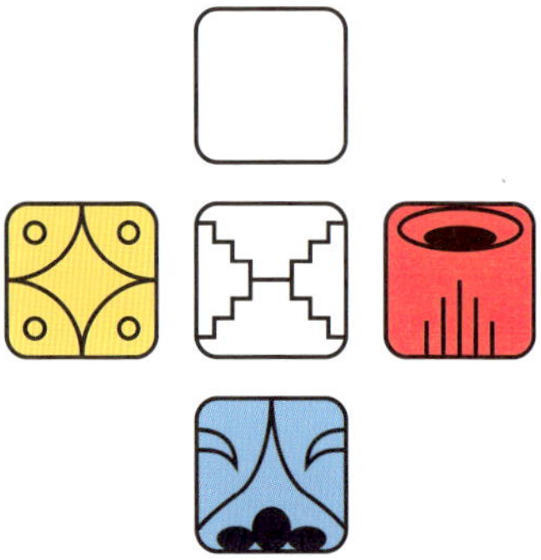

這一年的引導：

- 一點家族：引導是自己，白鏡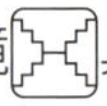具有雙倍的力量，透過自我觀照的對話，就像透過另一面鏡子來反照自己。例如自由

書寫和抽牌來進行自我對話。當自己能看清楚自我引導的過程時，也非常適合成為引導他人進行對話的角色。

- 二點家族：引導是白狗，充滿無條件的愛，告訴白鏡最終能引導我們的力量就是愛。無條件的愛能為自己帶來指引，接納所有層面的自己，以愛為初衷、為指引，並以愛為引導，讓這一年充滿愛與包容。
- 三點家族：引導是白風，特別適合說話、溝通和分享。能清晰地表達自己，透過精神性的傳遞進行溝通和分享。今年會有機會擔任講師、治療師和諮詢師，能夠把自己看見的東西真實傳遞出來。
- 四點家族：引導是白巫師，內心能夠接納所有的一切。帶著有魔法的巫師，非常清楚地知道，一切要透過內在心思意念的創造，內心擁有所有指引的答案。這一年，強調內在心思意念的力量，創造出自己想要的現實。
- 橫線家族：引導是白世界橋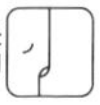，這一年特別適合創建平台和擔任連結者，很會協調事情，並透過連結不同的人事物，協助他們發揮夢想的力量。能很好地連接、整合資源，並協助對方解決問題，這一年會有機緣成為重要的協調者和連結者。

給藍風暴流年的一封信

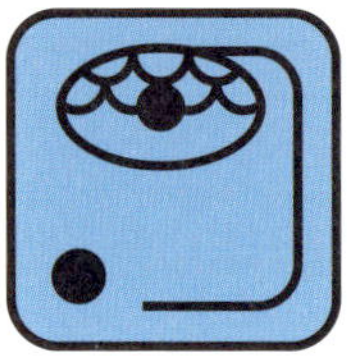

親愛的朋友，

當你進入藍風暴的流年，代表顏色是藍色，會是經歷改變、放下控制，並且成長快速的一年。

在藍風暴流年的這一年，你將體驗到強大的催化力量，它會促使生活中固有的狀態快速變動。這一年，藍風暴的能量會讓你在面對變化時感到自己處於一股強勁的風暴之中。舊有的模式和陳舊的狀況將會被迅速轉化，你將被推向面對和接受這些改變的核心。這個過程雖然可能帶來一些不確定和挑戰，但同時會激發出你內在的無窮能量，讓你能夠更深刻地療癒自己，實現自我蛻變。

在這一年中，藍風暴的能量會讓你在生活的風暴中心找到平靜。這個核心位置，像是颱風的眼睛，能夠讓你保持穩定並引導這股強大的改變力量向外擴展。你需要學會如何在風暴中保持冷靜，利用這股能量進行自我整頓和提升，讓生活中的改變自然發生並引領你向前。

計畫一直被打亂，你焦慮嗎？面對突如其來的變化，你可能會感到不知所措，特別是當這些變化超出了你的原有計畫與掌控，這些未知的變動，可能會讓你產生焦慮和恐懼。這時候，安靜下來，問問自己，我究竟擔心什麼？你需要練習接受這些變化，理解變化發生的意義，並把這些變化視為重新建構和重塑自己生活節奏的機會。當你能夠以開放的態度面對這些突發事件，並將這些臨機應變帶來的學習，視為未來更美好生活的鋪路石，你就能夠在風暴中穩定地前行，迎接全新的未來。

黃太陽的支持，像是風暴過後的陽光，並且出現彩虹，為你重建和恢復帶來光明和希望。當藍風暴面臨激烈的變化和挑戰時，黃太陽會在背後提供支持和鼓勵，提醒你這些過程都是為了更高的覺醒和成長。黃太陽的力量讓你在經歷風暴後，能夠以光明的姿態迎接新的階段，發現更深層次的智慧和潛能。

紅月在今年成為你面對情緒挑戰的關鍵力量。紅月代表著感受的流動與淨化，會促使你在面對生活變化過程中，釋放內心積壓的情緒，如恐懼和不安。風暴中攜帶強大的水元素，會幫助你清理這些情緒，使你更加透徹地流動和淨化。這種情感的釋放過程會讓你更清晰地看到自身的變化和成長，迎接全新的自己。

白風是隱藏推動的力量，會在你進行自我改變的過程中發揮重要的內在心靈力量。在這一年，藉由與他人的交談和互動，幫助你整理思緒，增加對變化的覺察。不論是與專業人士的對話還是日常生活中的聊天，這些交流能夠促使你明確自己的需求和目標。當你把想要改變的事情說出口時，它們的能量會開始轉動，推動你朝著變化的方向前進。因此，這一年你可以利用這種交流和宣告的方式，來加速自我轉化和成長。

這一年的引導：

- 一點家族：引導是自己，藍風暴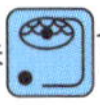會以雙倍的力量來啟發你。這一年將與他人的深入討論和靈感碰撞，你將更清楚地了解內心的聲音與答案，找到前進的方向。這種交流的過程將幫助你更好地掌握自身的變化需求，並明確你的行動計劃。
- 二點家族：引導是藍猴，這一整年協助你以輕鬆和幽默的心態來面對生活中的變化。改變雖然常常帶來震撼，但藍猴鼓勵你用好奇心和玩樂的心情去接受這些變化，從而讓你在過程中保持輕鬆和愉快，幫助你度過卡關時刻。
- 三點家族：引導是藍夜，你的夢想和內在的力量將成為前進的指引。

在這一年中，你需要勇敢地面對生活中的改變，不斷地成長和進步。藍夜的能量鼓勵你堅持追尋夢想，讓你在變化中茁壯，朝著夢想邁進。

- 四點家族：引導是藍鷹，這一年將提供高瞻遠矚的視野，幫助你從全局的角度來觀察自己的生命藍圖。通過提升視角，你將能夠更清晰地看到自己的道路和方向，當你清楚目標後，就能以落實的力量去實現它們。
- 橫線家族：引導是藍手，提供了關於行動和實踐的重要指引。強調今年能完成很多計畫，持續執行和改善的能力，尤其是在創作和實踐方面。藍手的能量幫助你在打掉舊有的架構後，建立新的體系，今年也非常適合創作和開發出能夠改善人們生活的產品或作品。

給黃太陽流年的一封信

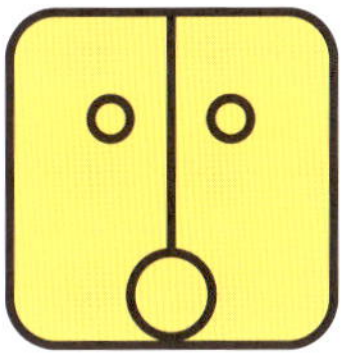

親愛的朋友，

當你進入黃太陽的流年，代表顏色是黃色，將經歷一個充滿覺醒和展現真理之光的時期。

黃太陽的流年常常會跟「成就」與「圓滿」這兩個關鍵字有關，要提醒的是：成就他人之前，必須先成就自己，在分享愛的過程當中，記得先把愛灌注回自己的生命。當自身能夠先有一種完整感的時候，自然而然就能在與他人的互動之間，輕鬆散發出一種溫暖跟支持的頻率，同時能夠協助以及幫忙到更多與你互動的人，以生命影響生命，以溫暖支持他人的生命。

在這一年，你會特別想要將你所學的知識以及系統，真實的內化成為你生命中的一部分，並且會想要找機會傳遞出去，這一股內在的動能，會讓黃太陽的這一年從內在散發出光芒，把生命智慧的光感染給更多需要的生命。

這種自然的漸進過程，也會具體的展現在支持是藍風暴的位置上。藍風暴代表了自然的催生變化，甚至是有一種拋下過去舊有的能量，並重新建設的勢能。讓藍風暴自然的改變，成為黃太陽流年一整年的支持，最關鍵的就是「不要害怕重新來過」，別害怕打掉重練，需要的時候就跟自己說：「拋下舊的，重新再來吧！」也因為這樣的不害怕，所以特別容易會建設出一個新的架構，讓自己的生命煥然一新。

在挑戰擴展白狗的位置，特別是提醒黃太陽這一年特別要好好守護的，就是自己內在真實的感受，同時保持輕鬆，面對生活中遇到的考驗時，能夠用更柔軟以及慈悲的心來接住自己，放下對自己的嚴格與苛責，取而代之的是，給自己擁抱與微笑吧！

紅龍在隱藏推動的部分，特別能夠協助這一年的清理歷程，尤其是面對生命過往記憶以及業力輪迴的過程中，能有更多的感謝以及愛的眼光，知道原生家庭以及過往記憶與經驗給自己的影響是什麼，這些是能夠帶領自己走到生命此刻重要的內在力量。如果不是因著這些過往事件的推動，那怎能成就自己現在黃太陽的光亮時刻呢？是吧！是吧！幫自己喝采，給自己掌聲！

因此，這一年隨時都可以幫自己找生命的亮點！替自己加光，找到自己的優勢、自己的亮點！

這一年的引導：

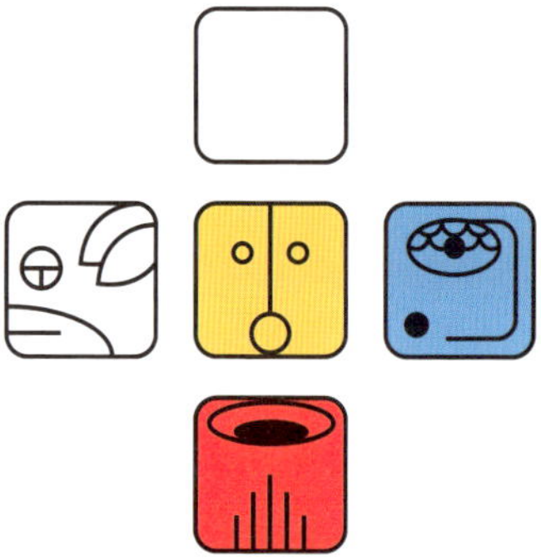

- 一點家族：引導是自己──黃太陽 ，具有雙倍的力量和光芒，專注活出流年主印記圖騰的力量，自我榮耀，親身體會而得來的智慧，成為最好的生命導師。
- 二點家族：引導是黃人 ，展現自我，散發自由自在的能量，尊重自己的生命體驗和價值觀，散發出溫暖且自由的光芒。
- 三點家族：引導是黃種子 ，給予目標的指引，等待發芽前的蓄積能量，待能量足夠後綻放光芒，迎接生命的大豐收。
- 四點家族：引導是黃戰士 ，面對智慧的考驗，解決生命中的問題，鍛鍊出更大的智慧，幫助他人解決相同的問題，增添勇氣的光芒與智慧。
- 橫線家族：引導是黃星星 ，黃星星的閃耀讓黃太陽的光芒更加耀眼，白天與晚上都發光，指引黃太陽分享智慧、美好事物，展現獨一無二的自己。

第 2 部

II

地球家族與
個人流年

第1章 地球家族

很多人看到這裡會發現，個人流年印記「只有四個圖騰」在輪替而已，而且剛好就是「紅、白、藍、黃」在輪流，究竟是怎麼分類的呢？

重點：想要知道自己的流年印記是什麼，這就跟「地球家族的成員有哪四位」息息相關唷！

以下這章節，我們會來逐一介紹五大地球家族，以及家族成員。

你就能夠知道自己是在哪個地球家族之中，以及脈絡如何觀看。

首先，我們要先找到個人流年印記與地球家族的對應關係：

五大家族登場，一個家族裡頭有四個圖騰，包含了「紅、白、藍、黃」各一個。

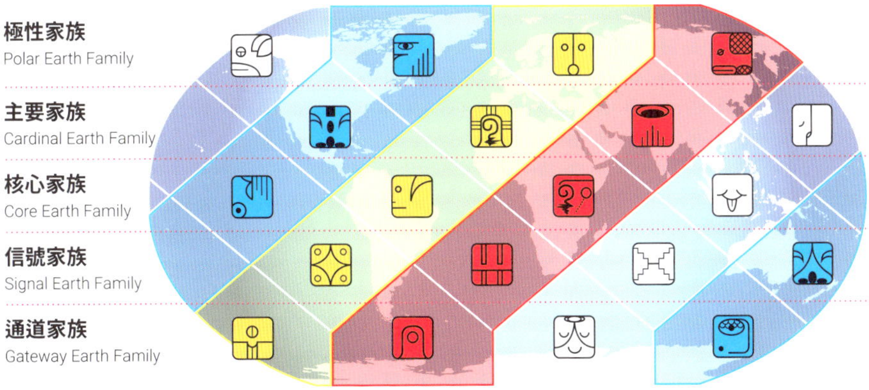

地球家族對應區域示意圖

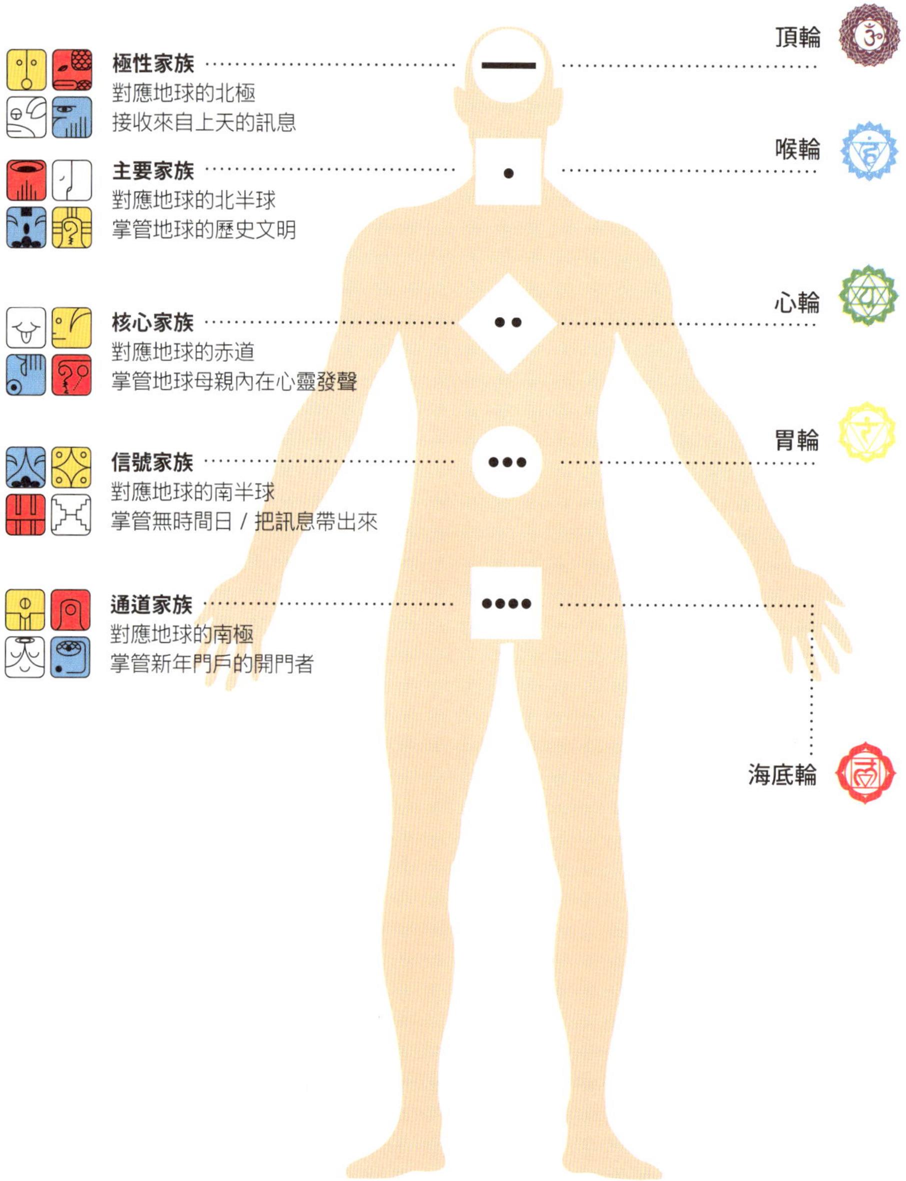
極性家族
對應地球的北極
接收來自上天的訊息
主要家族
對應地球的北半球
掌管地球的歷史文明
核心家族
對應地球的赤道
掌管地球母親內在心靈發聲
信號家族
對應地球的南半球
掌管無時間日／把訊息帶出來
通道家族
對應地球的南極
掌管新年門戶的開門者
頂輪
喉輪
心輪
胃輪
海底輪

地球家族對應脈輪示意圖

極性家族

對應地球的脈輪：頂輪，位置在北極

任務：負責接收來自上天的訊息。

又稱「橫線家族」，因為此家族的圖騰序號都是以「橫線」(調性5)計算，包含5紅蛇、10白狗、15藍鷹、20黃太陽。

主要家族

對應地球的脈輪：喉輪，位置在北半球

任務：與地球歷史的文明有關，專門把古老智慧發送出來。

此家族的圖騰序號都是以「1點」(調性1)計算與開展，又稱「1點家族」，包含1紅龍、6白世界橋、11藍猴、16黃戰士。

核心家族

對應地球的脈輪：心輪，位置在赤道

任務：掌管地球母親內在心靈的發聲的力量，專門把各種人事物的內在語言轉譯並呈現出來。

此家族的圖騰序號都是以「2點」(調性2)計算與開展，又稱為「2點家族」，包含2白風、7藍手、12黃人、17紅地球。

信號家族

對應地球的脈輪：胃輪，位置在南半球

任務：掌管無時間日，運用獨一無二的接收訊息或靈感的方式，把收到的信號傳遞出來。因此，每個西元七月二十五日無時間日只會遇到這四個圖騰，將無時間日收到的訊號，傳送給新年。

此家族的圖騰序號都是以「3點」(調性3)計算與開展，又稱為「3點家族」，包含3藍夜、8黃星星、13紅天行者、18白鏡子。

通道家族

對應地球的脈輪：海底輪，位置在南極

任務：掌管過年這一天，也就是每個西元七月二十六日，這一天是新年開啟的門戶，通道家族是新年的守門員。因此，每年的新年這一天，就是迎接宇宙頻率的時刻。年度宇宙能量會在新年這一天從地球的海底輪往上進入地球，年度圖騰只會出現通道家族這四個圖騰。

此家族的圖騰序號都是以「4點」（調性4）計算與開展，又稱為「4點家族」，包含4黃種子、9紅月、14白巫師、19藍風暴。

用地球家族速算流年

找出自己的地球家族後，也可以用來快速計算流年關聯。讓我們先從快速記憶自己的地球家族開始。

家族成員速記法

家族中的每個圖騰的序號相差5，比如序號1、序號6、序號11、序號16，是同一個家族。因此，序號1紅龍、序號6白世界橋、序號11藍猴、序號16黃戰士，是同一個家族的成員。依此類推，只要知道圖騰序號，就可以快速找到自己家族的其他圖騰家人。

個人流年速算法

STEP 1

找到自己家族成員後，先把紅白藍黃順序「從左往右」排好。

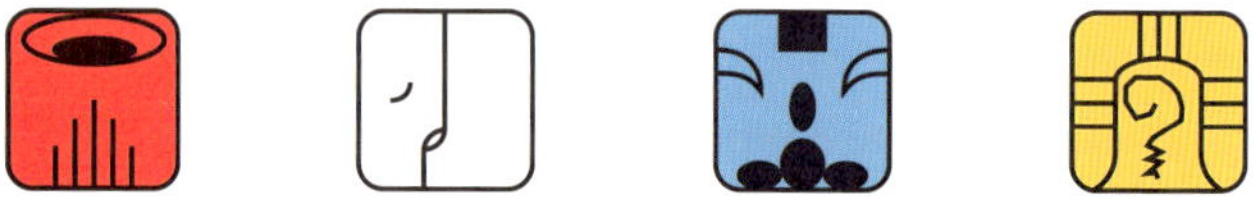

STEP
2

定位自己目前流年印記的圖騰與調性。

例如，當下的流年是共振藍猴。

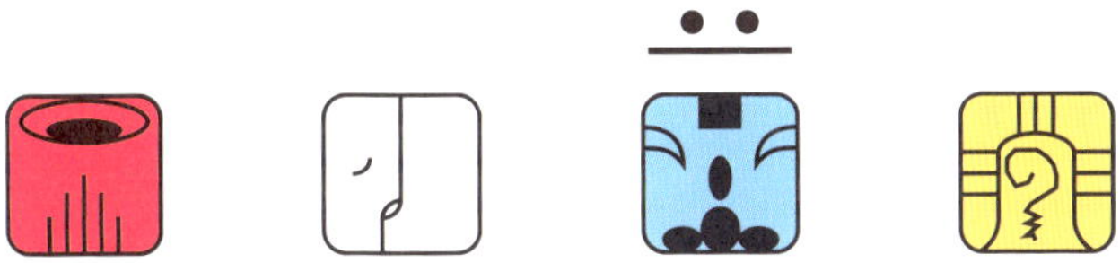

STEP
3

下一年的流年印記：「往右邊走」下一個圖騰、調性往右加一。

例：下一個流年是銀河黃戰士

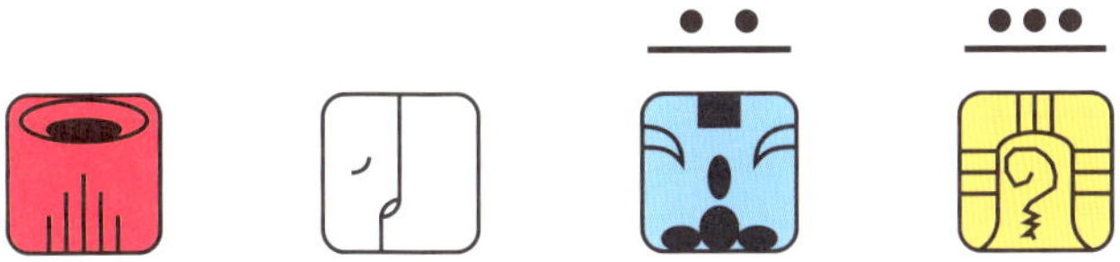

STEP
4

前一年的流年印記：「往左邊走」前一個圖騰、調性往左減一。

例：前一個流年是韻律白世界橋

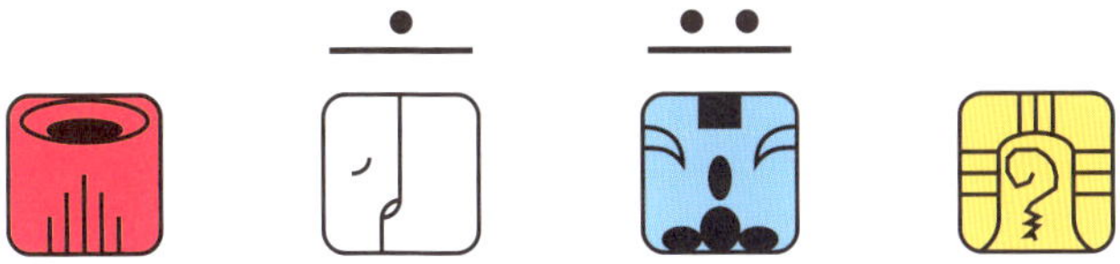

溫馨小提醒：調性只有十三個，走完就從頭循環。所以超過十三後就會從一開始計算。

調性13加1年＝調性1，磁性年

調性1減1年＝調性13，宇宙年

第2章 流年的四年小循環

了解地球家族的分類，能讓我們更容易理解流年印記的運行方式，輕鬆計算出「流年印記」之圖騰與調性。因為我們自己的「個人流年印記」能量是跟著地球家族同頻共振的！同時，接下來的「52流年命運城堡」也是以整個地球家族的四個圖騰去開展。因此認識地球家族是探索自己每年最可以關注並展現什麼力量、活化自己每年優勢特質的重要環節。

個人流年印記，只會在自己的地球家族中循環。

也就是說，你的個人流年印記只會出現「自己家族的這四個圖騰」，依照「紅、白、藍、黃」的圖騰順序逐年出現，每多一年，調性會持續加一。

流年循環：依照過去的路徑看未來

- 小循環四年／圖騰循環：流年每年輪一個圖騰，四年一輪，依序包含紅、白、藍、黃的圖騰順序。
- 中循環十三年／調性循環：流年每年輪一個調性，十三年一輪，從磁性到宇宙。
- 大循環五十二年／生命週期大循環：四乘十三等於五十二，五十二歲走完所有的圖騰調性，回到原點出生印記。

「四年一循環」，難道發生的事都一樣嗎？

個人流年印記只會出現「自己家族的這四個圖騰」，四年就會出現一次，難道四年後的事件又會一樣嗎？可以如何理解呢？

因爲調性不同，關鍵提問就不同

雖然這些圖騰會重複，但每一年隨著「調性」的不同，生命旅程的主題問句和重點也會相當不同。這是因為每一年的調性帶來不同的能量和課題，從而使每個四年循環中的每一年都有獨特的體驗和成長機會。

例如：磁性調性1的時候，專注於吸引力和開始新的週期。關鍵提問是：「我想吸引什麼樣的能量和資源來開始這一年的旅程？我的方向在哪裡呢？」。四年後又是相同的圖騰，但調性就來到了超頻調性5：賦予力量，提升內在力量、輻射放射能量。關鍵提問是：「我可以如何提升我的能量？我要把什麼樣的力量放射出來呢？」

因此，每年的調性提供不同的關鍵提問，這些提問可以幫助我們從不同的角度思考和成長，持續螺旋向上提升自己的維度與生命高度。這樣即使是相同的圖騰，每年帶來的資源與機會也會很不一樣。同時，調性不同，波符就會不一樣了唷！讓我們繼續看下去。

每一年調性不同、波符就不同、走的生命旅程就不一樣

每一年的波符會隨著流年印記而改變，代表不同的生命旅程和主題。例如，如果今年是Kin21銀河系紅龍白巫師波符，主要的能量主題在內在智慧和接受，這一年我們可能會更多地探索內心的深處，學習信任自己的直覺，並接受生活中的不確定性。我們會學習放下控制，允許事情自然發展，並在過程中獲得深層的內在智慧。

而下一年就是Kin126太陽白世界橋白鏡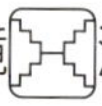波符，重點就會轉向專注於誠實地面對自己和他人，探索真相，進行更多的自我反省，並誠實地面對內心的真實想法和感受。利用外界的反射來了解自己，觀察自己與他人

的互動，並從中學習到自己的行為模式和內在動機。

宇宙不會讓你太無聊

四年一次，主印記圖騰一樣，但是學習課題與事件不同。

例如，白世界橋流年，現在要學習放下與結束的課題，但下一次的白世界橋流年，你要鍛鍊的是溝通與協調的能力。這些不同的關鍵，就是要看調性與波符的整體搭配了。

以白世界橋為例

我們來個例子吧，會更清楚能量走向會如何運行。

白世界橋的流年具有轉化與調解的能量，象徵著死亡、轉變和新的開始。這個流年，邀請我們能夠真正釋放舊有的模式和信念，為新的可能性開創空間。每種調性在白世界橋的流年中都有不同的課題和修煉方向。以下是對十三種不同調性在白世界橋流年的舉例：

- 磁性調性白世界橋／白世界橋波符（Tone 1: Magnetic）：這一年你會被邀請成為連接的橋梁，所以請探索內心深處的真正願望，並將注意力集中在吸引新的人事物來實現這些願望。你需要專注於設定意圖，並保持專一，讓宇宙的能量幫助你實現目標。
- 月亮調性白世界橋／紅蛇波符（Tone 2: Lunar）：這一年你會面臨內外部的挑戰與蛻變，讓你感受到兩極的拉扯。修煉的課題在於找到平衡，理解和接受對立面的存在，並學習如何在矛盾中保持內心的平和與穩定。
- 電力調性白世界橋／黃種子波符（Tone 3: Electric）：這一年你的任務是服務與激勵自己跟他人的信心。你需要學會如何利用自己的能量來幫助周圍的人，同時確保自己不會耗竭。協作與團隊合作會成為你的焦點。
- 自我存在調性白世界橋／藍夜波符（Tone 4: Self-Existing）：這一年你需要依據夢想藍圖來確立自己的界限，建立具體有結構的方式。感受自己的渴望並嘗試定義自己的空間和角色，並建立穩固的基礎，以支持你在未來的成長和發展。

- 超頻調性白世界橋／白風波符（Tone 5: Overtone）：這一年你的課題是發掘自己的內在力量和影響力，說出來的話能夠傳遞千里。你需要學會如何有效地表達自己，並利用自己的影響力來啟發和領導他人，從而實現共同的目標。
- 韻律調性白世界橋／紅龍波符（Tone 6: Rhythmic）：這一年你需要找到生活的節奏和平衡點。你會調整自己的日常生活和習慣，以達到身心靈的和諧，清理並釋放業力的糾結。規律地回到自身的平衡將是你修煉的重點。
- 共振調性白世界橋／黃太陽波符（Tone 7: Resonant）：這一年你需要連接自己的內在智慧和直覺。可以多靜心冥想，並聆聽內在的聲音，從而在面對挑戰時做出最符合自己內心的選擇。
- 銀河調性白世界橋／藍風暴波符（Tone 8: Galactic）：這一年你將會帶來改變與重整，把自己的價值觀和信念付諸行動。檢視自己的生活方式，並確保你的行動與內在的信仰一致。這樣，你才能活出真正的自己。
- 太陽調性白世界橋／白鏡波符（Tone 9: Solar）：這一年進入宇宙中柱，你會被宇宙激勵去實現你的理想和目標。你需要保持動力和激情，並勇敢地向前邁進，即使面對困難和挑戰。你的任務是讓自己成為清晰的鏡子，以智慧照亮周圍的人。
- 行星調性白世界橋／紅地球波符（Tone 10: Planetary）：這一年會非常落地，注重實際的成果和成就。你將會很共時且順流地完成計劃和項目，並將你的想法轉化為具體的成果。務實和效率將是你成功的關鍵。
- 光譜調性白世界橋／黃戰士波符（Tone 11: Spectral）：這一年的課題是雙倍釋放和轉變。勇於面對生活中出現的問題，學會放下不再服務於你的事物，並允許新的能量和機會進入你的生活。釋放舊有的包袱，讓自己更輕盈地前行。
- 水晶調性白世界橋／藍鷹波符（Tone 12: Crystal）：這一年的重點是專

注於合作和社群互動。你會遇到與他人合作的機會，共同創造和分享資源。你的修煉在於學會如何在團隊中找到自己的位置、保持清晰與更高維度的觀看角度，並貢獻自己的才華。

- 宇宙調性白世界橋 / 白巫師波符（Tone 13: Cosmic）：這一年你會嚮往尋找內在的寧靜和圓滿，並明白物質生活發生的一切都將帶領自己回到當下的寧靜之中。你會被整體宇宙引導去看見生活的循環和變遷，並找到超越時間和空間的連結。你的任務是達到心靈上的平衡與和諧。

第3章 流年印記與主印記的關係

流年印記與主印記的關係，可以視作「長期特質」與「年度重點」，是「神隊友」既是互相搭配，又能彼此支援的關係。理解這兩者的搭配，如何疊加，如何彼此加成更大效益，能幫助我們更全面地把握自己的生命旅程。

從「四年一個循環」來看，可以如何理解呢？

主印記：看天賦特質、長期的基本盤、看投入生涯的長期主題

流年盤：看當年事件，主軸在當下如何因應、如何決定

流年印記與主印記的關係

主印記

長期特質：主印記是你整個人生的核心印記，代表了你的天賦、特質和長期的使命。它是你整個生命的基本盤，反映出你一生中需要專注和發展的主題。

長期主題：主印記所帶來的發展和機會是持續的，也是靈魂穩定承諾的議題，整體能量貫穿你的一生，指引你在生命中的長期目標和方向。

天賦與特質：主印記揭示了你在面對人生課題時所擁有的獨特天賦和特質，這些是你應用於生涯發展中的核心資源。

流年印記

年度重點：流年印記是每一年獨特的主題和能量，提醒你在當年需要關注和面對的主題、挑戰和學習。

年度事件：流年印記反映出當年將面對的具體課題和成長機會，幫助你在年度中做出更明智的決定和行動方針。

短期目標：流年印記引導你在當年的短期目標和行動策略上，使你能夠應對當年的特殊挑戰和機會。

四年一個循環

紅白藍黃四年一輪，四年一次回到主印記、四年一次回到挑戰印記。

挑戰擴展年：每四年，你的流年印記會回到主印記的挑戰擴展年。這一年，你會面臨一些挑戰，但這些挑戰同時也是成長和擴展的機會。

自帶解方：在挑戰擴展這一年，你自己的主印記就正好是挑戰擴展的位置，你可以運用主印記的特質和天賦來應對流年印記所帶來的挑戰。這意味著，你已經具備了處理這些挑戰的內在資源和智慧。優雅從容的面對當年的考驗與開展，告訴自己：我自己就是解藥！我自帶解方～

整合與提升：每次挑戰擴展年都是一個整合和提升的機會，讓你能夠在面對新的挑戰時，更好地運用你主印記的長期特質和天賦。

如何搭配一起看

理解主印記和流年印記之神隊友能量：

整合性思考：在規劃你的事業發展方向、生命計畫與安排時，既要考慮主印記所揭示的長期主題和天賦特質，也要考慮流年印記所帶來的年度重點和挑戰。

長期與短期目標結合：利用主印記來設定你的長期目標和生涯發展方向，同時利用流年印記來調整當年的短期目標和行動計劃，兩者相互補充，協同推進，兩邊都能共存兼顧。

年度反思和調整：每年結束時，反思這一整年的流年印記所帶來的經驗和學習，並將其整合到你主印記的長期主題中，把這一年的滋養灌溉回來原本的生命藍圖，就像河流的水再次流回到大海中匯聚起來一樣，逐步共融了、調整了也成長了你的整體生命旅程。

挑戰擴展年的課題如何度過

更進一步來看，在我們走到挑戰這一年時，我們如何優雅地度過？

認識和接受挑戰

自我認知：首先，認識到這一年是你的挑戰擴展年，並接受挑戰是成長的一部分。理解挑戰背後的意圖和目的，是在這一年能讓你成為更擴展的自己。

準備心態：接受挑戰的主題，不見得都是大魔王，過程中或許會有「做功課」的掙扎難熬，但請相信這是四年一次成長的機會。準備好以積極和開放的心態迎接挑戰與擴展。

擁抱愛和理解

以愛面對挑戰：挑戰擴展年的特殊之處在於，我們可以用「愛」去擴展當年的能量。無條件的愛和理解是強有力的工具，可以幫助我們超越挑戰。

自我關懷：在挑戰擴展年特別注重自我關懷和自愛。這包括照顧好自己的身心健康，給自己足夠的休息和支持。

使用過去的經驗和資源

回顧過往：回顧過去如何度過這些困難時期，找出曾經有效的資源和策略。這些經驗和資源可以在挑戰擴展年再次回歸，並調度這樣的資源寶藏出來使用。

學習和應用：翻閱過去的日記與手帳本，回顧四年來的大事記，將過去的學習應用到當下此刻，藉由回顧以往的成功經驗來增強自信及提升解決問題的能力。

活用主印記的力量

內在力量：在挑戰擴展年，我們的主印記正位於挑戰擴展的位置。這意味著我們可以充分利用主印記的力量和特質來應對挑戰。

轉化挑戰爲成長：將挑戰視為擴展更大可能之機會，利用主印記的特質來轉化挑戰為成長的契機。這包括發揮你的天賦、強項和內在智慧。

借助支持與資源

尋求支持：不要獨自面對挑戰。尋求來自朋友、家人、導師或專業人士的支持和幫助。

共振力量：參與支持性的社群或團體，與他人共振，共同成長。這可以提供情感上的支持和實際上的建議。

第4章 流年盤完整案例分析

前面學習了關於流年盤的步驟與解析方式，接下來我們進入一個完整的真實案例分析。這裡會看到面對解析流年盤的完整思路，也能看到在替他人解析流年盤時，該如何運作、有哪些步驟，以及與案主的互動。

這個案例來自課堂上的練習，案主是小亨利。

流年盤從二〇二四年的五月五號開始，為Kin197月亮紅地球 / 黃戰士波。解讀時間為流年開始將近一個月後。

能量盤的初步觀察 - 引導者與能量盤的關係

首先，幫案主小亨利準備兩張盤：個人主印記能量盤與個人流年能量盤。

我一看到小亨利的盤，就有滿多直覺的感受出現。

第一，引導者本人，看到當事人的能量盤，第一個要去觀察的是：這個盤跟你之間的關係是什麼？現在會出現這個盤在你面前，是要你去看見什麼？

觀察這個盤，跟你的印記之間，或是跟當天能量之間，有什麼樣的關係？

我每次遇到個案，要不就是當天主印記的能量，剛好就是這個Kin（個案的Kin Kin day），要不然就是當日Kin，出現在他盤上的某一個位置，可能就是他的上下左右、女神、PSI或流年印記，都是跟當日的能量有關，就是

小亨利2024流年能量盤

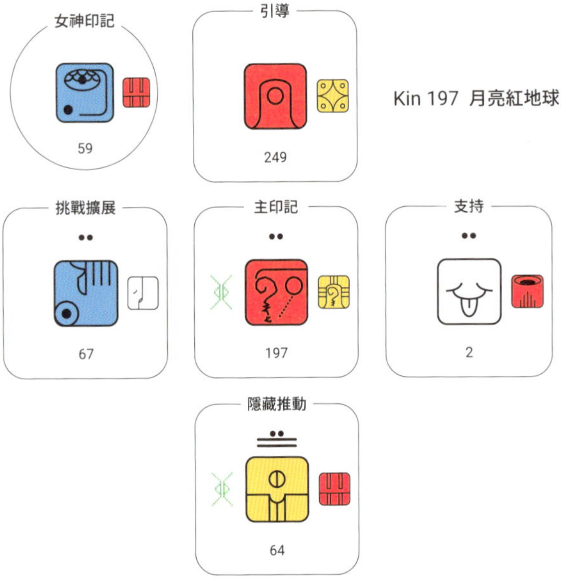

小亨利主印記能量盤

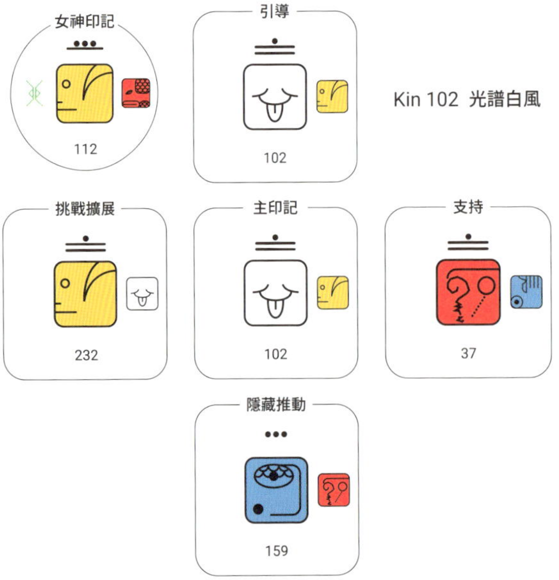

很神奇的，也很共時的約好當天來找你了。

好幾次，個案來訪的那天就是他的生日，就是想要來了解自己的新流年能量盤，陪伴自己跨過生日這天，開啟新的能量！就來領送自己的生日禮物大禮包與宇宙祝福。

小亨利的流年能量從月亮紅地球／黃戰士波開始，Kin197 是我本人的 PSI，我一看到就發現今天是要來講我個人 PSI 的主印記，突然肅然起敬，就等於是要進入宇宙集體資料庫中調取資料的。我本人的PSI走到她的流年能量，PSI是我第四次元的行星記憶資料庫，這是不會變的。小亨利剛好這一年走到這裡，下一次要五十二年後了。所以小亨利在課堂上第一個舉手自願練習，原來是來資料庫調資料的，我瞬間全身起雞皮疙瘩。

第二，我從他主印記的能量盤裡面仔細觀察。

主印記的共振的位置，共振白鏡，是我本人的完美隱藏推動。

小亨利的女神主印記是銀河黃人，銀河黃人是我的內在小孩主印記（內在小孩印記是爸爸媽媽加我的生日），所以我的內在小孩特別能夠跟小亨利共振。每當發現這樣的能量狀態時，雖然我是小亨利的老師，不過這個盤顯示：我可以用內在小孩的狀態跟小亨利相處，而且小亨利也最能夠共振此能量。我認識小亨利已經一段時間了，他其實常常滋養我的內在小孩，每次來找我都帶娃娃和玩偶來給我，現在床邊的安撫娃娃也是小亨利給我的。我突然明白原來一切其來有自。

流年盤的探討：與個案對話

針對流年能量盤，小亨利最想知道的是走到黃戰士波的狀況會如何，他感到未來可能會有很多問題要解決。

他提到有兩三個威力爆發事件已經出現。

從五月四日開始，這股能量正式進入磁性黃戰士波符，小亨利的生日流年五月五日，也正式進入月亮紅地球。他已經經歷了幾個不同的事件，並感受到這些事件都不是小事。

我用月亮調性的問句，詢問他在事件發生的過程中，內在的情緒感受是否被挑起一些黑暗面或二元性的問題。他分享到，被攪動的是生與死以及「分開」的議題。最近同事去世，讓他面對生命的死亡，還有一位工作多年的同事，因為健康問題決定退休，都是身邊相處十幾年或二十年的人。

進一步詢問，他說道，雖然……死亡是不好的感受，但如果去世的同事是去了更適合她的地方，那對她來說是比較好的。同樣，退休對那位同事也是好的。因此，小亨利認為，死亡和分開不一定是不好的，也是另一種幸福。

主印記與引導頻率：內在情緒的挑戰

小亨利的流年印記是月亮紅地球。

月亮，會反映出我們心裡面比較不想去看見的這些部分。

這些事件其實都是一個紅地球，如果在生命中有些共時的安排和巧合的發生，紅地球提醒我們，就要學習臣服和學習去看見，這些順流的發生的事件是什麼？

而這些共時的事件和順流的發生，其實都是為了黃戰士的生命目的而來，鍛煉這個生命的體驗，鍛鍊生命的勇氣。

黃戰士的能量就是沒有回頭路，月亮的位置帶給我們挑戰，讓案主在這一年的開頭就出現如此強大的挑戰，透過生死的議題、離開的議題，讓他來學習生命的智慧和勇氣。

月亮紅月是今年的引導，所以內在會有很多的心情起伏。

Kin249月亮紅月落在最後一個波符黃星星波，因此情緒的能量都挑動、翻攪，並站在整個盤上更高位置，以指引的角度，有更高的看見。我們說引導的位置就是高我的位置，是為了要來療癒和淨化的。因此這些情緒反應，可能是參加同事的告別式，都會衝擊到案主生命中很多的情感面。

整個盤其實蠻多情緒起伏的，調性是月亮，頭頂上的指引又是紅月。尤其是月亮紅月，是最後一條黃星星波符的紅月，一路走到Kin260，其實是為了成就一個更大生命的覺醒而來的。

「以生死議題來見證」這件事或許有點殘忍，我得這麼說。星星波從Kin248到Kin260，整條波沒有容易過的，所以在月亮紅月這個位置，流動情緒就是最佳的解藥。千萬不能壓抑，千萬不能認為一切只要理性處理就好，而是讓自己經歷感受流動，真的就是哭好哭滿。那天剛好小亨利要去參加同事的告別式，分享了他為同事選的歌單，我一放也是非常感動，那天剛好是Kin207，也是我閨蜜的主印記，就在小亨利要在同事告別式上播放這個歌單時，我也再次把這份愛傳遞給閨蜜，有一個滿好的情緒流動。(我的閨蜜Kin207，也已離開人間了。)

這個課題確實會共振我們內在「必須要被療癒」的部分。紅月，共振出我們內在必須被療癒的這些情緒。

去感受流年發生的事件，以及要被療癒的主題，不會只有這個當下需要被療癒而已。這整個被療癒的狀態，和你生命的過往經驗，也是有很大的連結的。以更高的視角來看，這些被療癒的經驗，都是為了讓你的情緒有機會去表達、去抒發、去透過你自己的梳理，對自己有一個更大的生命的體會。覺醒，有個更大的臣服。

流年調性的優勢：月亮調性

月亮調性的優勢，就是去看見內在的二元恐懼或是不舒服，同時讓你能夠把這些二元做更高的融合與整合，2融合和整合後才有機會走向3，這就是調性2走到調性3的歷程。所以，月亮調性這一年的歷程，都是為了讓我們準備好迎向下一年的調性3(下一年是電力白風)。

月亮調性的力量動物是蠍子，每個流年頻率都會對應的流年頻率問句，加一組力量動物。今年案主可以去感受與蠍子的連結，或是可以找些跟蠍子有關的飾品來搭配，或在生活中發掘走到哪裡會看到蠍子圖騰，這就是宇宙在給你打暗號。

支持圖騰與家庭支持

支持是月亮白風／紅龍波符。小亨利主印記就是白風，所以走到紅地球（四年走一次），對於核心家族的小亨利來說，自己的家族當中就有自己的支持圖騰，也可以說是四年就走回自己的支持年。

雖然流年主印記走戰士波又月亮調性，乍看滿苦的，不過剛好又走進自己的支持圖騰年，等於是吉凶攤平，其實沒有那麼苦，因為你本身自帶配備。

我們直接看這個人的主印記落在哪裡，主印記圖騰直接落在支持的位置，我會說你本人在你支持的位置「自帶能量」，是帶優勢配備，並不是每個家族的人都會這樣子，只是剛好核心家族的白風有這樣的頻率。

曾有同學問，這個核心家族怎麼那麼好啊，還有支持年？但這個家族要守護地球的心輪，拿這個印記不是開玩笑的，而且她們還守護棋盤預言TELETONON。所以，我們直接指出她的優勢力量，她個人的主印記能量直接就坐在這個支持位置，請告訴個案其實你自己有強大的天賦和配備，可以幫自己加分，只要你活出自己。

月亮調性的白風來自紅龍波符，這是一個跟源頭、家庭、家人連結的波符，也是清理業力的好機會。

認出家人與家族的資源

我詢問小亨利：「你有跟家人、家族，或者是跟過往的生命經驗，或者任何你現在想到的，可能跟紅龍有關的這些連結，是可以成為你的資源的嗎？

可能是你的家人，你的家族，你的老朋友或者是以前的舊識等等。你有沒有想到的？有哪一些是在今年可以成為你的一個資源？滋養你的資源。」

小亨利在思考今年可以成為資源的連結時，想到與家人、家族以及過往的生命經驗有關的關係，特別是紅龍的能量。他認為，今年最能夠成為滋養他資源的，是他的哥哥和姊姊。

小亨利哥哥和姊姊的主印記分別是Kin77和Kin84，他們在實際生活中能夠給小亨利提供很大的支持。每天，他們通過LINE交流，分享生活中的各種事情，包括家庭事務、進修計劃、新聞等。這種互動對小亨利來說非常滋養。

小亨利提到，他的哥哥和姊姊比他大四五歲，閱歷更廣。此外，他們三人從事不同職業，因此在看待問題和討論事情的深度上也有所不同，這些都為小亨利提供了不同的視角和支持。

再來，跟著盈君老師學習，也是滋養小亨利的資源。他表示，強大的紅龍滋養能量，是從二〇二一年七月二十五日的無時間日在網路搜尋到星際馬雅13月亮曆法，便開啟了盈君老師教授的星際馬雅13月亮曆法學習，給了小亨利很多看待人生的面向，雖然對未來還是不確定，但帶著焦慮往前走。當中，更透過靈性彩油，讓小亨利知道「馬雅Kin編碼」與「彩油瓶」是對應的，讓小亨利看到自己的需求，學習到愛自己、滋養自己，更從曆法看見整個家族的愛，一路有宇宙智慧的光亮，像溫暖的太陽讓我在付出的工作中加足了動力，也更新了內在療癒系統，身心靈的滋養與進步提升，很感謝盈君老師總說，答案在自己圖騰與內在，滿滿的愛呀！

整合解讀

關於紅龍波符的白風在支持的位置，小亨利講了很多都是跟白風有關的，跟家人之間有很多訊息溝通的往來，完全就是紅龍波符的白風的能量展現。

回到案主身上。他可以為自己做的事情，就是常常寫下自我肯定句，對自己的鼓勵、自我讚美和觀察自己的自我對話，都在跟自己說些什麼話。他在今年可以多為自己做一些日記跟記錄，這些自我觀察是落在支持的位置。

關於引導的位置，前面提到情緒流動，案主有很多牌卡類的工具可以拿出來運用，我覺得都很適合白風和紅月的能量，去覺察自己的情緒感受。

挑戰擴展圖騰與自我成長

挑戰擴展是月亮藍手，那麼今年比較會有挑戰的能量是什麼？因為挑戰是要我們去愛上這個挑戰，才有機會成為我們的擴展。

出現藍手的時候，我的思考脈絡是直接看月亮藍手落在哪個波，因為我覺得波符有時候會比印記本身來得更有影響力。他的月亮調性來自白世界橋波，他拿了一個戰士波的光譜白世界橋，現在又一個月亮藍手白世界橋波。這個就會出現蠻多分離的課題。

第一個，白世界橋波符的生離死別、結束的課題，確實對案主來說是個很大的挑戰，我們從案主說的故事裡去驗證他的盤。我的思考脈絡比較不是把這個盤去套在人身上，不用論斷的描述，而是從案主的故事和分享，去驗證這個盤可以給他什麼樣的擴展。

白世界橋波有這樣的課題，他要去面對。也是等待他去愛的議題，因為這個位置是等待他去用白狗的愛，怎麼樣用愛去學習的一個挑戰的功課。

第二個，白世界橋有很強的擴展天賦，他今年也會有很多機會去連結不同的人，不同的關係，不同的對象，不同的單位。他就是牽起大家的手的那個人，白世界橋的藍手就是當橋也當手，牽手的橋梁就是白世界橋波符的月亮藍手。不過坦白說，白世界橋波符的人有時候滿討厭去當牽起大家手的人。

小亨利回應：「我自己不喜歡當喬事情的人。」

是的，因為在挑戰的位置啊。但不要忘記，紅地球的議題是「臣服」！雖然不喜歡，卻是他今年可以鍛煉的機會，就今年哦！所以他是可以去完成他想要完成的。藍手的實踐力很強，他可以去完成想要完成的，可以去做自己想做的。

白世界橋波符在挑戰的位置，有時候我們會說要去喬事情，要去連結，但更需要學習放下的藝術。

挑戰的位置出現了白世界橋波符，但又要用藍手的力量去完成，所以在完成的過程中，對案主有個挑戰的功課是：學習放下的藝術。有些事情你無法選擇，或者有些任務你無法決定，雖然不那麼熟悉也不那麼喜歡，不過必須學習完成它。因為當你完成了，你連結的不是那個工作任務或是誰，連結的是你生命中的愛的能力。因為，月亮藍手是從這個流年的主印記的愛去擴展出來的。

拿到月亮藍手白世界橋波符的力量時，連結的是藍手，對接上內在愛的連結能力，這道橋是連接回他的流年印記。這個連結讓他更擴展整條戰士波。在這個位置我會鼓勵他勇敢去做，因為，他會完成的。同時一邊鍛煉放下的能力，放下的藝術。

下方的完美隱藏推動是水晶黃種子，水晶黃種子綠格子來自紅天行者波符。這一年會有很多移動、學習，去到不同的地方服務。因為紅天行者波符和國王的波符直接連結，再加上走戰士波，整條戰士波和分享13月亮曆有很大的關聯。他可以感受一下自己在使用曆法的感受，如果上了高階課或者有機會持續在不同場域和不同人分享曆法，今年其實是非常好的時機點。

一樣是耐心等待，碰到黃種子時，就給自己灌溉更多信心。水晶調性直接指出是與合作有關，所以他會有更多跟人之間的合作，合作本身讓他有機會帶給人們信心，在合作的議題當中去看見信任、信心可以如何傳遞給他人，同時也給自己信任與信心。這是整組流年印記本身的狀況。

當然紅地球本身也與大自然的親近及外出有關，如果可以到處走走跑跑，親近大自然，接地氣，都是非常直接紅地球的建議，旅行也是非常好的。

女神力量的影響

PSI 是固定不變的。今年的女神力量是共振藍風暴，又走到紅天行者波。共振藍風暴會帶來生命的轉化機會，跟著生命的節奏去共振自然的改變，會帶他很多不同的提升。碰到藍風暴，有些突如其來的事件也是常態，因為女神力量走到這裡，會有隨時都要接招的感覺。

黃戰士波符帶來的勇氣和優雅

戰士波符要學習生命的課題、學習生命的勇氣，遇到問題就來吧！面對和解決問題就是最直接的鍛煉。這一年宇宙會出現很多狀況題給他鍛煉，但不用擔心，不會太困難的，因為最後一個位置是宇宙黃星星，這個狀況題走到後面其實是優雅的頻率，優雅慢慢地去面對這些問題。

只要流年走到黃戰士波，或是黃戰士主印記，或者合盤黃戰士，可能就會有不少狀況。黃戰士波符也不是隨便的人物，因為「他也是個咖」，這個Kin196真的很厲害，好歹也是消失七世代裡面的其中一個，而且也是荷西博士和紅皇后的合盤。所以黃戰士一路走到Kin208，可以是翻轉生命的一股巨大且不一樣的力量，而且會帶來更多優雅的看見。

因此走到黃戰士波符，真的不用害怕。通常我會針對波符「看頭看尾」，解波符時我會先抓頭（磁性）抓尾（宇宙），例如：黃戰士波最後走到哪裡？看一下，可以！穩的啦！為什麼呢？因為宇宙黃星星。所以，解決問題的勇氣和面對問題的智慧和力量，是為了成就我們生命中的優雅，面對生活當中的問題時，是否帶有藝術感的頻率來回應。這樣個鍛鍊是為了什麼？當我們越挫越勇，面對問題解決問題的經驗值就越多。大家在生命中或許有過這種體驗，當你面對問題越來越會解決的時候，是不是就能駕輕就熟、越來越老神在在、越來越優雅呢？下次這個問題再來時，就能很穩定、很安在、很輕鬆的優雅面對。

調性 3 電力白鏡｜服務的品質

第三個位置，電力白鏡，他的服務品質提供照見鏡子般清晰的力量和品質，看見他成為一個鏡子，把這樣的服務品質服務自己，要清晰地看見自己，同時看見自己都在投射什麼，看見內在的心境，內在的變化。

調性 4 自我存在藍風暴｜保持穩定的力量

自我存在藍風暴最能穩定在自己內在的方式，既然是藍風暴，記得不要跑到風暴的邊邊哦！最能穩定的方法是待在中心點。而且他的女神是共振，共振就是在正中央，記得在風暴圈裡面待好，就是那個穩如泰山、如如不動的風暴核心。別人都被吹得東倒西歪，為什麼他可以站得那麼穩？自我存在的風暴，越亂時、反而越穩，案主就是這樣的人，事情越亂他越穩。

小亨利回應道：「因為別人都很亂，所以看別人亂，我就覺得反而沒有那麼亂。」

拿到藍風暴一定要記住，他最能穩住的是自我存在的藍風暴Kin199 代表什麼？別人越亂，我越靜，這個局勢越亂，我越穩。這個力量非常強大。

調性 5 超頻黃太陽｜綻放溫暖

轉彎遇到超頻黃太陽，因為黃色波符的開頭、結束和轉彎都是黃色的，所以拿了一個黃太陽在轉彎的位置。超頻放射綻放溫暖，綻放力量。

調性 6 韻律紅龍｜家庭連結和滋養力量

韻律的位置是人與人之間，跟這個最能取得平衡和平等的圖騰是紅龍，紅龍一部分是家人、家庭，案主跟哥哥姊姊和家人之間的連結，可以帶領自己回到平衡和滋養的力量中。

在看能量盤的時候，請注意聽到每個案主的資源是什麼，在諮詢互動的過程中，請幫他記下來、標註起來，這樣後面就能幫他串聯起來。正如小亨利前面講了關於紅龍的滋養例子，哥哥和姊姊每天LINE聊天，都會討論、分享交流，那在紅龍的位置就可以帶進來。

調性 7 共振白風｜正向語言表達的力量

共振的位置是共振白風，最能回到自己核心的方式，就是案主的白風圖騰，所以，要覺察自己的溝通、說話的起心動念，說出來的話會共振到別人。小亨利在語言表達上面滿到位的，是高階的白風，無論說話都是肯定的，或者是比較正向、樂觀的，而且都是讚美的。應該不只是對我說話是這樣，跟別人說話應該也是滿高階的。

小亨利笑說：「自己最不會的就是罵人。」

光譜白風，真的不要學怎麼罵人。如果學會怎麼罵人，真的會歪得滿兇的。共振白風就是傳遞正向的語言，能夠把內在、正向的溫暖共振出去。

調性 8 銀河藍夜｜內在豐盛

在銀河藍夜，內在的豐盛能夠展現在外在的實際行動上。內在信念的豐盛，內心相信什麼樣的行動是豐盛的，然後外在實際的行動就真的這樣去做。這裡有個可以協助自己內在夢想與豐盛的主題，做一個更好的整合。

調性 9 太陽黃種子｜意圖帶來的速度

到了下一個轉彎就是太陽黃種子。太陽黃種子看起來有點矛盾，但又滿好結合的。因為太陽豹是最快的調性，但又配了黃種子，黃種子就是耐心等，慢慢來，到底是快還是慢？對我來說，太陽調性就是內在的意圖，就是看我要不要，如果要就會很快。太陽黃種子對準戰士的目標，我就是要做這件事，種子就會像豹一樣衝出去咬回來，達標！其他事情就會很慢。所以太陽黃種子很清楚知道自己的目標在哪裡，意圖是什麼，想要成就什麼事情，動作可以很快的。

調性 10 行星紅蛇｜熱情和生命力的重要性

行星紅蛇，要去覺察關照自己的身體，覺察身體當下的一個看見。紅蛇去關照身體，關照自己的生命力。行星是完美顯化，我想要完美顯化什麼，我要如何完美顯化我的熱情，我要如何顯化我的生命力呢？在行星的位置我們要關注一下，走到紅蛇，生命力可以幫助他在今年把想做的事情做得更完美，有一個很重要的關鍵就是熱情。

太陽調性是只要有目標就可以讓他做到，但是熱情可以讓他做得更好。從太陽到行星，太陽可以讓他做到，行星可以讓他做得完美。但什麼可以讓他做得完美？就是生命力和對這件事的熱情。他的渴望來自生命力，渴望來自他對這件事情的熱情。

調性 11、12 光譜白世界橋 & 水晶藍手

再來是光譜，今年最能夠讓他釋放壓力的方法是白世界橋。調性11、12一起講，前面提到有一個月亮藍手的白世界橋波，然後下一個水晶又是藍手，所以11、12一起看。他能夠同時釋放和放下，接著要和他人一起握手合作。會有很多合作機會，但也要知道他的壓力來自那個執著。因為11的位置常常呈現我們的壓力點，什麼東西放不下就在11的位置，這有時候就是我們的壓力點。所以，回頭看主印記，他是光譜 11，是白風，其實在個性本質裡，有一個壓力點是有很多話不能講。不要講、不能講。不可以講出去，不可以說出來，這就是他的壓力點。

生命是一體兩面的，天賦也有可能是壓力點。在他的流年裡有一個壓力點是不要叫他去喬事情，他覺得很痛苦，但光譜白世界橋能不喬事情嗎？去跟人協調、合作溝通，他就會有壓力，不過這也是破解壓力點的一個重要關鍵，就在那一線之間。釋放壓力的方法是放下這些執著。

為什麼會有壓力點？因為會覺得心中有一個執著，認為喬事情會怎麼樣？對不對？如果喬不好就會怎麼樣，要我去喬就會變成怎麼樣。這其實也是執著，但流年走到這裡，宇宙提供我們能量去放掉這個執著，其實案主只要人出現就可以了，只要有他在的地方，就已經自帶光譜白世界橋了，事情不用他喬，只要他出現就喬好了。

真的有這麼神嗎？試試看就會知道，因為他走到這一條波，就已經有這

個能量了。

要知道，我們的能量是整串都在的，整個盤是在生日當天整組下來的。所以，光譜白世界橋本身就有一個放下執著的課題，放掉執著的執念，不要緊抓，才能夠釋放壓力。要放下的是對喬事情的執著和念頭。

另外，也會有一個壓力點是在死亡、分離、結束，案主今年會有很多結束的議題，需要好好地畫上句點。

水晶藍手一起合作，一起創造，一起把事情完成，這是他今年擅長的。同時也是跟自己合作，所以，在這個位置上我鼓勵他在今年多多書寫，把光譜白世界橋的壓力，可能是生活中碰到的困境寫下來。水晶藍手遇到黃戰士波符很重要的就是書寫，把問題丟到自由書寫的提問中，把問題寫下來。想要知道某些事情可以如何解決，把問題寫下來，再做一個自由書寫。

調性 13 宇宙黃星星｜優雅解決

最後一個位置是宇宙黃星星，在曆法上帶給我們很大發現的主印記。同時也是新的能量頻率轉換，整條波符走到最後的宇宙黃星星，會有很多解決問題的場域和事件發生，以形式來說會是線上或者是用訊息傳遞居多。不一定是在實際面對面的場合，如果可以在線上溝通，可以少一些彼此面對面的壓力和衝突，確實也可以讓彼此更優雅。電話、訊息溝通，信件往來，都是宇宙黃星星的戰士波的良好解決方案。

宇宙的力量動物是烏龜，讓自己在當下穩定與沉著，分享愛和喜悅，分享一些藝術美感優雅的資訊給身邊的親友。可能是美麗的好用小物、保養品等、實際參與藝文活動，都是今年可以多行動的建議！

第 3 部

III

52 流年命運城堡

接下來，我們將自己的流年印記放進「城堡」的概念之中。52流年命運城堡是從更高遠的視角來看生命的發展與回顧。

看懂整體的52流年命運城堡，提升對生命的明白與理解，能幫助我們在生命的旅程中更平衡且自信地前行。當我們接受並感恩這些經歷時，我們能夠活出更真實、更完整的自己，並以無條件的愛擁抱生命中的每一個挑戰和祝福。

52命運城堡給我們的禮物

為何要觀看整體流年城堡，回顧生命的過往經驗，如何能更好地面對當下、迎向未來？

找出以前曾經協助度過難關的資源：回顧生命可以讓我們重溫那些曾經幫助我們克服困難的人、技能和策略。這些資源可以在此刻當下、在未來面臨挑戰時再次成為力量，提取這些經驗來應用。

把這些學習帶到下一個循環：過去的經帶給我們許多寶貴的啟發，這些經驗可以成為未來行動的指南。將學到的知識和技能應用到下一個循環的流年中，有助於我們更順利地應對變化。

找出被遺忘的資源：隨著時間的推移，我們可能會遺忘一些有用的經歷或資源。透過回顧，復盤我們的經歷、盤點我們的資源寶藏，我們可以重新發現這些資源，並重新利用它們來解決當前的問題。

依照過去的路徑預見未來：過去的經驗可以幫助我們預測未來的挑戰和機會。理解自己過去的模式和趨勢，彷彿拿到寶藏圖、看見各種可能性，能夠讓我們更準確地預見未來，從而做出更好的決策。

過去、現在、未來的對話：透過流年城堡的整體觀看，我們可以建立一個與自己過去和未來的對話。這種對話可以讓我們更加了解自己，並在面對未來時更加自信。

未來的自己送祝福給過去的自己：回想起曾經的過去，想像未來的自己給現在的自己祝福，這可以增強我們的信心和決心，幫助我們更有力量地面對當前的挑戰。

認回自己所簽訂的靈魂契約：透過流年城堡，能看懂自己是如何寫下這份契約，能清晰明白並且理解我們如何在更高的層次上設計了我們的生命旅程。這種理解可以幫助我們接受生命中的挑戰和祝福，並看到這些歷程都是宇宙中完美安排的一部分。

重複的圖騰及調性導航出阻力最小之路

在生命的旅程中，某些模式和事件可能會反覆出現，而這些重複的圖騰和調性可以提供我們重要的線索，幫助我們找到阻力最小的道路。這些圖騰和調性代表了我們的核心特質和能量，理解它們可以幫助我們更好地導航人生的起伏。

圖騰：圖騰象徵著我們的核心特質和展現的力量。反覆出現的圖騰提醒我們「四年一次」專注於內在的強大力量，並善加利用這些力量來面對生活。

調性：調性反映了我們的能量和行動方式、當年聚焦的主題關鍵。透過調性13年一個循環，識別並理解我們流年的調性走到那一個主題，可以幫助我們更好地順流前進、調整自己的行動計劃，避免無謂的阻力。

理解生命中的重複模式

重複的挑戰：生命中的某些挑戰可能反覆出現，這可能是靈魂契約的一部分，旨在教導我們特定的課題。例如，持續的關係問題可能是在教導我們如何更好地愛自己和他人。

重複的祝福：同樣地，重複出現的機會和祝福也可能是契約的一部分，提醒我們擁有某些特質和能力需要善加利用。

如何能更覺察或者更有意識地發現重複循環呢？

最好的方式就是透過手帳，進行日記與寫作。通過寫作記錄生活中的重大事件和情感反應，可以幫助我們看清生命中的模式和重複出現的主題。這些重複出現的模式可能是靈魂契約的一部分。

透過生命回顧，我們可以更全面地了解自己的過去，利用這些洞見來創造新的未來道路。這種自我反思的過程，能夠幫助我們更有智慧地生活，並以更大的自信和決心去實現我們的人生目標。

第1章
找出52流年命運城堡

把視角拉大，從當下的流年盤，進展到用宏觀格局去理解自己的生命全貌，讓我們一起來看看，星際馬雅13月亮曆法的智慧，如何帶領我們觀看人生的全貌，從生命週期大循環來學習52流年命運城堡。

從出生開始，每一年都會經歷一個主印記，一路進展到二十六歲、五十二歲，一直到七十八歲以上……全人生的流年能量盤，全濃縮在一張「命運城堡」裡。我們之所以稱為「52流年命運城堡」，因為它以四條波符的結構形式去組成的，一個格子代表一年，一個城堡掌管了十三年，這十三年的區間裡包含了一個顏色城堡的力量，全部總共有五十二個格子。

我們可以將這份全觀圖形容成一張「人生地圖」在你眼前展開，你會看清楚自己現在的位置、理解自己的過去、現在與未來。接下來，跟著引導，一起來揭開自己的全人生地圖吧！

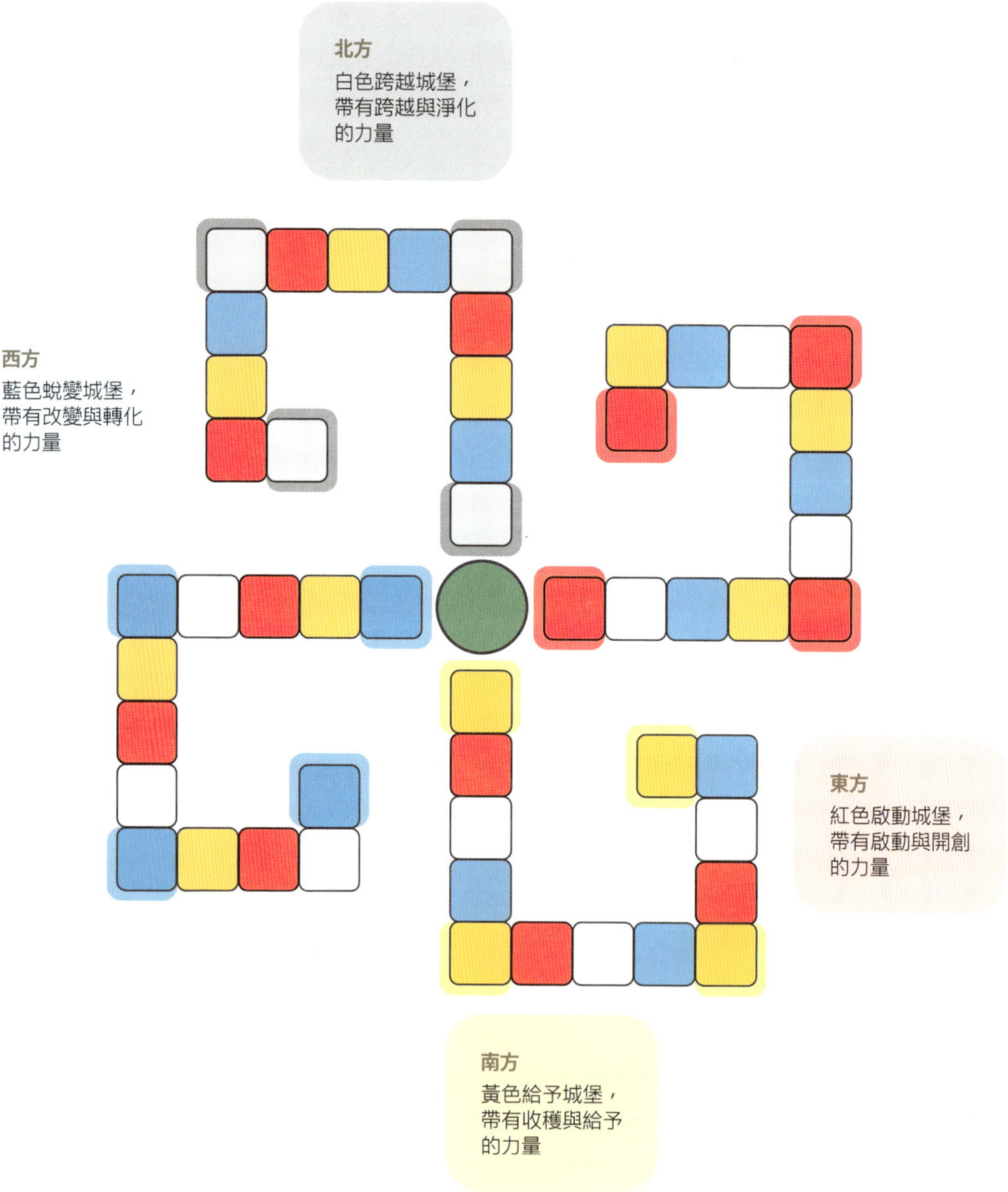
北方
白色跨越城堡，
帶有跨越與淨化
的力量
西方
藍色蛻變城堡，
帶有改變與轉化
的力量
東方
紅色啟動城堡，
帶有啟動與開創
的力量
南方
黃色給予城堡，
帶有收穫與給予
的力量

52流年命運城堡

繪製52流年命運城堡

請依序填入個人基本資訊、地球家族，以及四座城堡。

繪製時，依照紅、白、藍、黃，依序前進。

＊可使用附錄繪出個人城堡。

繪製自己的52流年命運城堡

接下來以一九七七年十二月十二日為範例計算。

STEP 1

標記重要個人資料

52流年命運城堡每一年的切換點，就是以你「個人生日當天」為切點。

用附錄的流年護照，寫上出生年月日、主印記，並在城堡正中央畫上主印記圖騰。

參考第2部第1章地球家族，標記自己地球家族的名稱及四個圖騰（紅、白、藍、黃各一）。

➡一九七七年十二月十二日的主印記為共振藍夜。藍夜圖騰屬於「信號家族」，家族包括紅天行者、白鏡、藍夜、黃星星。

個人 52流年：命運流年城堡

姓名：

出生日期：

主印記：

地球家族：

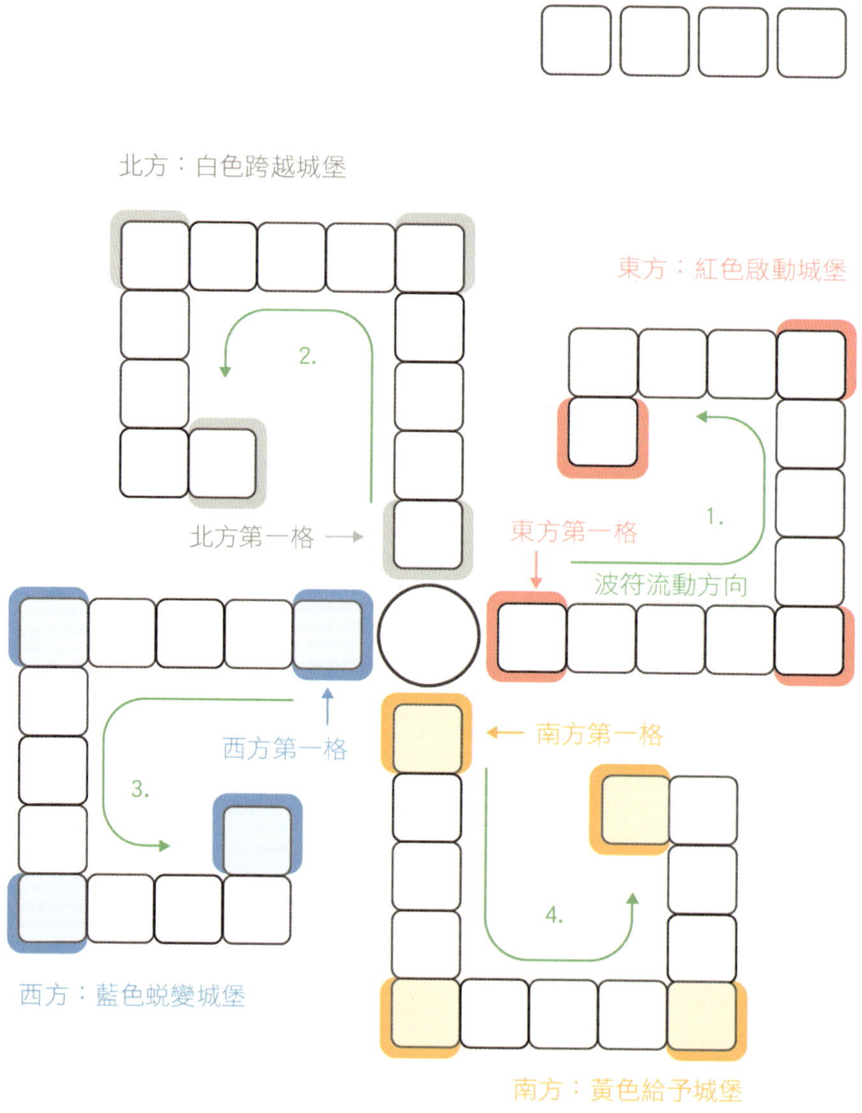

STEP
2

標記四座城堡的開頭圖騰

依照四座城堡的方位，將家族圖騰分別標記在第一格的位置。東方城堡（右）標記紅色圖騰、北方城堡（上）標記白色圖騰，西方城堡（左）標記藍色圖騰、南方城堡（下）標記黃色圖騰。

➡在四座城堡的第一格分別畫上家族圖騰。東方城堡（右）畫上紅天行者，北方城堡（上）畫上白鏡，西方城堡（左）畫上藍夜，南方城堡（下）畫上黃星星。

STEP
3

填滿四座城堡的圖騰

依照波符的流動方向，依照「紅、白、藍、黃」的順序循環填滿四座城堡，並塗上顏色（注意，城堡裡都是自己家族的四個圖騰循環往復，沒有其他圖騰）。

➡以東方城堡為例，第一格為紅天行者，後面依序畫上白鏡、藍夜、黃星星，依此順序填滿城堡。

STEP
4

標記四座城堡的調性

將四座城堡依照波符的順序方向，一一標上1到13的調性。

STEP
5

標記年紀

在四座城堡中，找出與主印記調性、圖騰皆相符的位置，並標記「出生0

52流年命運城堡範例

出生日期：1977年12月12日

主印記：共振藍夜

地球家族：信號家族

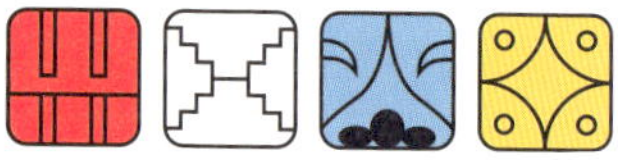

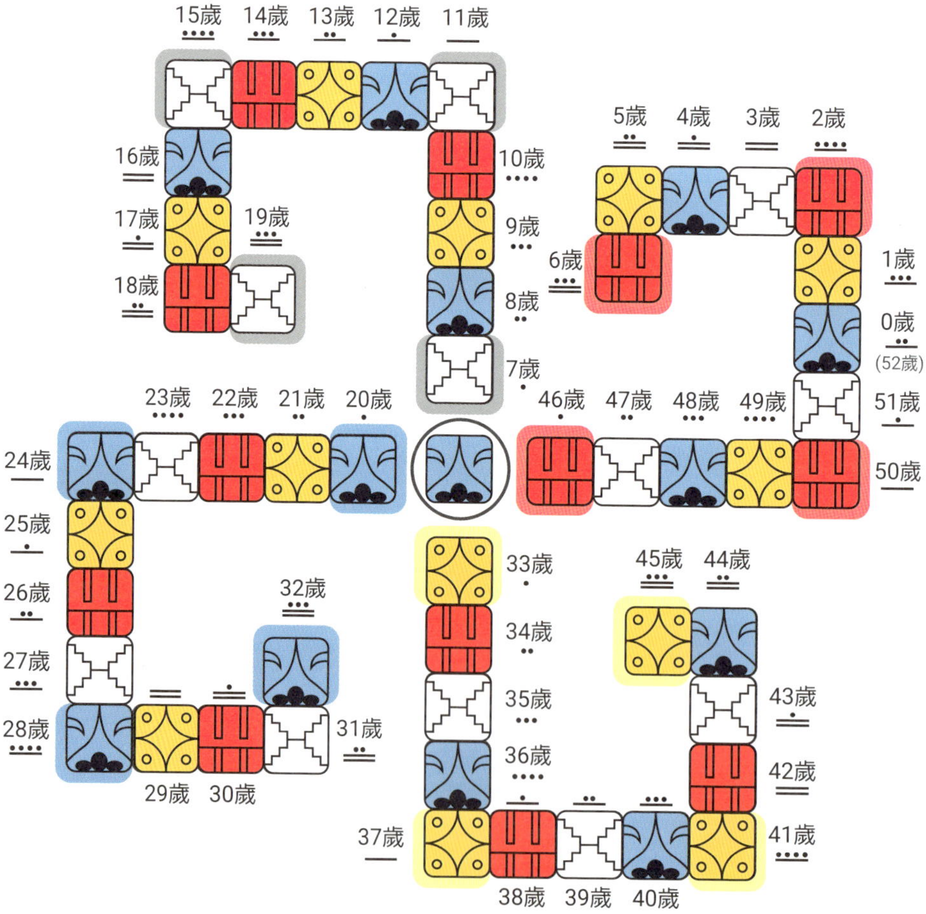

歲」，往後開始標記1歲、2歲、3歲……一直到52歲（依逆時針方向標記完四座城堡）。「52歲」這一格，會回到「出生」。

➡找到主印記「共振藍夜」的位置，標記「出生/0歲」，並將下一格「銀河黃星星」標記為1歲，就是滿1歲生日。1歲的流年從「銀河黃星星」的頻率開始，依此類推。

★如果歲數已經超過52歲，就繼續往下寫，寫到你目前的歲數。

★檢查看看，26歲這一年是不是你完美挑戰擴展的印記？52歲這一年是否回到「出生0歲」的主印記位置？如果是，那就畫對了。

回顧生命歷程的重點

1. 生命大事紀：從出生到現在，每一年發生了什麼事情？好好回顧並寫下來。
2. 繪製自己的命運城堡圖時，有沒有哪個位置畫錯，或做了塗改？觀察這個共時的現象。看看這些年發生了哪些事，這些「不小心畫錯」的訊息，彷彿是宇宙正在對我們眨眼，讓我們再次看見並清理過往事件中的情緒。（下方有小故事）
3. 對照那一年的流年能量走到了哪一個圖騰？哪一個調性？在遇到同一個圖騰時，是否發生類似的事件？重複的事件又回來？
4. 流年命運城堡包括三個最重要的關鍵年份，分別是26、52、78歲。請特別留意你在這些年發生了什麼事？

- 26歲屬於「完美挑戰擴展年」，這一年的個人流年主印記，就是主印記的完美挑戰擴展。
- 52歲則是「重生年」，你這一年的個人流年主印記回到出生主印記，與0歲的Kin相同，代表重新誕生。
- 78歲為「完美擴展年」（記得把挑戰兩個字拿掉），你這一年的個人流年主印記，就是主印記的完美擴展。若有機會到104歲，就會是再次重生，你的個人流年主印記會再次回到出生主印記。

5.你出生在哪個城堡？帶有什麼樣的天生力量而誕生。

6.你現在正在哪個城堡？正在經歷什麼樣的13年呢？

7.你下一座城堡是什麼？想要創造並活出什麼樣的13年呢？

8.看看自己在切換城堡時，有沒有發生什麼重要的改變？

9.當波符遇到開頭、轉彎與結束的地方，也就是調性1、5、9、13，是可以特別觀察的重要年份。

「錯也錯得很對」繪圖中的錯誤校準，是宇宙眨眼的共時

請特別注意，52流年城堡整張圖只有你自己的家族四個圖騰，不會有其他圖騰。這裡常常有同學把整張卓爾金曆二十個圖騰全部畫上去。

如果有畫錯、寫錯的部分可以好好重新理解，去感受這個部分可能在你生命中帶來什麼樣的訊息？或是有什麼能力或滋養的部分要認回來。

有沒有哪個位置畫錯或者塗改，像這種不小心畫錯就是宇宙在對我們眨眼，給我們提示，讓我們重新去看見並且清理這個經驗。

在這裡我要分享一個非常經典的例子。有一次在課堂上，有個同學想要再拿一張空白表格，我就走過去了解發生什麼事情。他說自己畫錯了，最後接不回來，最後的52沒有和0出生在同一格，差了一格。我發現他在出生的位置寫上「1歲」。在主印記的位置應該要寫0出生，但他卻寫了「1歲」。我告訴他整張要重來，數字要全部要改掉，重新寫過。

他一臉驚訝地看著我，再盯著自己的圖。

我看著她說：「親愛的，你0歲到1歲發生什麼事？」那時我的手搭在他的肩膀上，感覺到這個身體一直在發抖抽搐。他突然淚如雨下，崩潰爆哭。我開玩笑說，沒有關係，我可以再給你一張，你別傷心，我可以再給你一張，你要十張我都給，你不要難過。他被我搞得有點不知道要哭還是要笑。等他稍微安靜下來，我就拉一張椅子坐下來，所有同學都圍過來，一起聽他開始講故事。原來這個女孩是在一歲之前就被爸媽送走，送給別人養。他是由養父母親手帶大的。

他說：「我就是不想回憶一歲之前的處境。」他那次剛好帶著兒子一起來上課，已經身為一個母親。但在講這一段的時候還是非常非常大的震撼，從來沒有想過原來自己把一歲之前的整個記憶全忘了，而且是刻意遺忘，不願再去想起。

最後他平靜下來說：「老師，我以為這是三十幾年前的事情，不會再有機會去述說，我也不會再有任何機會跟別人講起這件事，真的太震撼了！。」於是，拿著那一張52流年城堡圖，持續爆哭。現場真的非常的感動，幾乎每個人都紅了眼眶，我們所有人都掛著眼淚聆聽。

看到這裡的你，在此靜心一會兒，感謝自己的父母，把自己帶到這個世界上。

儘管你的圖錯得再離譜，整張錯得亂七八糟，也是一個非常好的校準時機。

校準

認回過往的記憶、擁抱自我、重新把圖畫對、調頻校準吧！絕佳好機會，真的可遇不可求。

畫錯的那一格，請對照那一年的流年能量，走到哪一個圖騰、調性？

是不是在遇到同樣的一個圖騰的時候有沒有發生一些類似的事情？對相同的圖騰有沒有一些相同類似的事件發生？你剛剛畫錯格子的那個圖騰，四年後又會再遇到一次，有沒有類似遇到相同事情呢？

比如說：當年在工作職場上被刁難，是不是四年後有一個機會透過這樣的一個學習，重新鍛鍊？再次提升自我。

自我照顧與面對情緒

當你在回顧過往，有些情緒被挑動時，可以如何陪伴自己呢？這裡提供幾個小方法。

Me Time 自我照顧

書寫

日記：寫下你的感受和思考，這有助於整理情緒，釋放壓力，並從中發現成長的機會。

目標設定：寫下你的長期和短期目標，以及你為實現這些目標所需的具體步驟，以及你已經替自己做了些什麼。這可以幫助你保持專注和有方向感。

散步

自然療癒：切換一下空間，把自己帶進自然中。在大自然中散步可以幫助你放鬆身心，疏理念頭，清理思緒，並重新找到內在的平衡。自然環境的靜謐和美麗可以讓你感受到平靜和安慰。

思考時間：散步時，你可以反思過去的經歷和感受這些經驗，這是一個讓你整理自我的大好機會。

深呼吸

冥想和呼吸練習：花幾分鐘進行深呼吸或冥想，將過去想釋放的可以隨著吐氣放下，幫助你減少壓力，提升專注力，並促進內心的平靜。

雙腳踩地：當你感到情緒被挑動時，立即把雙腳踩放在地上，並進行幾次深呼吸，可以迅速幫助你平靜下來，恢復寧靜。

面對挑動的情緒

接受情緒

不逃避：首先，接受你所感受到的情緒，無論是憤怒、悲傷還是挫折。這些情緒都是正常的，給自己一些時間讓這些情緒感受冒出來，看看這是什麼。

情緒識別：替你的情緒命名，並試圖理解這些感受的樣貌。長得多大多小、什麼形狀、會是什麼顏色。代著好奇去好奇自己的情緒。

與自己對話

正面自我對話：當你感到情緒波動時，與自己進行正面的自我對話。提醒自己已經走過了很長的一段路，擁有很多資源，並且有能力有智慧來面對現在的挑戰。

自我鼓舞：可以透過閱讀好書，想起曾經鼓勵過自己的人會對自己說些什麼，寫下給自己的鼓勵話語，有助於提升自我價值感和信心。

建立支持系統

尋求支持：不要害怕向朋友、家人或專業人士尋求支持和幫助。與他人分享你的感受，可以讓你感到不再孤單。

建立資源網絡：在身邊逐漸建立同好圈，這些同溫層的好友們與你有相同的語言，有相同的興趣小組或社群，志同道合的朋友能彼此支持，可以讓自己在這一路上走得更穩定更扎實。

第 2 章

認識52流年命運城堡

你是出生在哪一座城堡呢？這與你帶有的先天特質有關。

你又如何經歷某個城堡的十三年呢？

現在此刻，你在哪座城堡之中呢？

接下來，要即將迎接的是哪一座城堡的成長之旅呢？

四座城堡的個別含義

紅色東方啟動城堡：啟動與開創的力量

意義：創造與誕生的力量

象徵：開始萌芽的種子

動力模式：轉動起來，開始旋轉，打開「On」開啟的按鈕

如果你的出生印記或者流年印記落在紅色城堡裡，做事時喜歡當「開始的那個人」之特性，生命中常會有創造性、誕生新事物的力量。喜歡嘗試新的、喜歡主動創造不同的可能性。

這一個「轉動」的力量，你的生活會因為你自身的「轉動」而與你相關的整個系統（周圍的人、工作、家庭）都開始動起來，這是一座啟動與發動生命的城堡。

白色北方跨越城堡：跨越與淨化的力量

意義：放下的力量

象徵：精鍊的鬥士

動力模式：有一個跨越的議題，例如生死課題的一個關鍵，你要來跨越這道不容易的關卡

如果你的出生印記或者流年印記落在白色城堡裡，就會遇到「必須放下」的課題要讓你修煉，透過事件來修煉心性中難以放下與跨越的執著本性。對於一些小事，你會發揮天賦，覺得雲淡風輕是很容易的，要放下是很簡單的。同時，這些你很快就可以放下的事，也會帶給身邊人有淨化的特性（向你學習不糾結），有單純且純淨的力量。

然而，你總是有那麼一個價值觀裡最重要的核心信念，這件事完全激發了你生命鬥士的活力，你會為自己挺身而出！你會因為這個「不得不」面對的事件，經歷完整「從執著到放下」的歷程。

藍色西方蛻變城堡：改變與轉化的力量

意義：魔術的力量

象徵：轉變的星星

動力模式：把雜質燃燒掉、淬鍊出純金的歷程，變動是生活的常態

如果你的出生印記或者流年印記落在藍色城堡裡，就是變動的劇本在上演，在家庭中的變動，工作中的改變與轉換，居住環境變動與遷移，人際關係的變化，本質上的帶有改變、轉化的特性，有著靈活且適應環境的本能。

雖然變動過程的經驗不總是愉快，然而生命日日更新，在轉化中具有「燃燒」的勢能，「煉金」帶領我們的生命「去蕪存菁」，像是魔術師一樣，幻化各種神奇，越煉越閃亮。

黃色南方給予城堡：收穫與給予的力量

意義：智慧的力量

象徵：成熟的太陽

動力模式：成為一個給予者

如果你的出生印記或者流年印記落在黃色城堡裡，本來就具足了一個豐盛、圓滿跟收穫的本質，會有一股很想要「給予」的付出特性，本質上的驅動力，讓你一直想著「我還可以付出什麼？我還可以給出什麼？我還可以做些什麼呢？」，這座黃色城堡，根本就是天使跟富翁居住的城堡吧！

因著生命的獲得，我們一路上會持續收穫豐盛，在獲得滿滿豐收之後，更懂得如何給予，如此循環生生不息。這個給不一定只是給別人，其中包含有一個方向是「給自己」，所以請記住，這份給予一定就是「我能給予生命的什麼品質、我能給我自己什麼？」，包括自己的生命跟別人的生命。

收穫如此多的豐盛，練就成智慧，讓我們更有能力繼續給予。

從不同的城堡出發，理解命運城堡的運作

說到這，可能會有些疑惑冒出來。因著每個人的出生城堡都不同，而大多數人會認為，從紅色城堡出生（誕生與開始的城堡）會比較容易想像，生命就是一個起承轉合的旅程，至於出生在白色城堡、藍色城堡、黃色城堡的人，可以如何理解呢？

從不同城堡開始起步，可以如何理解命運城堡的運作狀態呢？

從紅色城堡開始

走白色、藍色、黃色一個循環。以創作發想的歷程來詮釋這個過程。

第一階段在紅色城堡開始有點子誕生，叮叮咚咚的想法全部腦力激盪蹦出來。

第二階段進入白色做簡單化的動作，把不需要的或者不適合的點子移除，更單純地回歸初衷。

第三階段進入藍色做提煉的動作，把剛剛的點子重整翻攪、排序與配

置，並在過程中進行更多靈感的升級與創新，這時候的質變，就會有毛毛蟲從變成蝴蝶的狀態了。

第四階段最後進入黃色時，把成果具體化出來，呈現作品豐收之美。

從白色城堡開始

從想要讓生命更簡單這個起點出發，走藍色、黃色、紅色的循環順序。

第一階段白色，帶著自己想要跨越並放下的主題開始，例如斷捨離的歷程，決定要讓自己的生活更簡單，想活出更清爽的人生，於是開始進行斷捨離，整理物品，以及人際關係的整理，開始退出某些群組、刪除沒有連結的好友清單、丟掉不需要的雜物，簡化行程安排與飲食習慣。

第二階段藍色，把保留下來的事件物品與人際關係重新整理，如何讓物品之間有更好的配搭與佈置，如何歸類安排存放，如何讓事情與工作項目彼此之間能互相滋養，以及更有效率地進行創造。

第三階段黃色，思考並感受如何將前一階段轉化的力量，回過頭來灌溉並給予自己的生命，開出新的花朵，收穫生命的豐碩果實。專注於服務生命，服務自己並服務他人。

第四階段紅色，生命有一個全新的創造與開展機會。嘗試新鮮事物，體驗新的生命階段，開啟新的人際關係與生活領域，替自己注入更多活力，是一個全新的可能性之生活階段。前三階段都是準備期，在這階段進入紅色城堡時正式啟動。

從藍色城堡開始

從想要讓生命轉化與蛻變著手，走黃色、紅色、白色的循環順序。

第一階段藍色，生命出生就帶著變動的本質而來，在小的時候或許不太知道自己的渴望，像是被放進大轉缸裡頭轉呀轉的，自己與原生家庭都有一股淬鍊的動能運作著，感覺有種被推著走或者說被催著走的模式，甚至被訓練成某一種出類拔萃的孩子，像是菁英教育的成長歷程。

第二階段黃色，有不錯的成績表現，也累積了一些成果（可能會是一直拿獎狀的階段），逐漸長出自己的樣子，開始知道自己要朝向何種人生，於是生命的改變不再是被推著走，而是自己有意識地選擇自己要的版本，有意識地朝向自我決定的方向。

第三階段紅色，生命從這階段真正開始活出自己，會有一種「現在開始，這才是我的人生」的感受。活出自己、活出生命力、活出渴望，全新的生命階段正式啟動，追尋自我的開創旅程。因為第三階段才走到紅色啟動城堡，依照起承轉合的概念來看，這階段才是真正「轉」的感受，生命翻轉的時刻會在這城堡發生。

第四階段白色，開始進入真正簡單清爽的人生狀態，面對自己的人際關係「主動斷捨離」，或者是自己的生命藍圖寫著某個劇本推動著而「被迫斷捨離」，都是一種很深刻的放下旅程。

從黃色城堡開始

從先想像完成的樣子會是什麼模樣出發，走紅色、白色、藍色的循環階段。

第一階段黃色，生命本質中帶有一種「替他人著想、願意替他人付出」的天性，與生俱來就有「懂得給予」的力量，對家人、對同學、對身邊的朋友夥伴與親密關係，是個天生的照顧者城堡。

第二階段紅色，轉動起來，啟動自己的人生，學習活出自己，獨立自我的探索旅程，更是個體化的旅程，學習找回屬於自己的自我認同，在自己身上活出獨特性，先把自己照顧好。因此在這個階段可能會開始變得「反常」且叛逆，或許因為過去太替他人著想，現在開始做自己的決定了，家人不太習慣而已。在這裡，是啟動自己生命力的城堡。

第三階段白色，進入跨越的城堡，開始學習放下的議題。如何在照顧他人與成為自己的兩端取得平衡，放下對他人的擔憂與牽掛，勇敢的跨越自我的局限與道路，放下擔憂與不信任，逐漸活出在這階段的本質力量。

第四階段藍色，真正的蛻變階段來了，讓生命翻轉的城堡到來，這時候淬鍊的是生命的廣度、是生命的高度。這階段可能會發生連自己「腦袋怎麼想都想不到的改變」，被生命經驗撐開的廣度，真正被徹底打開了無限可能，「哇嗚，原來我也可以這麼不同！」生活的維度被拉高了，整個像是被拉橡皮糖一般，延伸拉長了！

最後，再走回自己的黃色城堡，真正尋回自我的旅程才要開始！

透過以上的過程，相信大家更能感受自己的生命在四座城堡中的「起、承、轉、合」之轉換波動。

第3章
五大地球家族的命運城堡解析

接下來，我們將繼續深入，介紹五大地球家族各自的命運城堡。

五大地球家族各有不同特色屬性，雖然都有四個城堡，但紅白藍黃的圖騰都不同，所以學習課題也大不同，各自經歷的四年「紅白藍黃」循環不同主題，以下逐一分別來說明其特色。

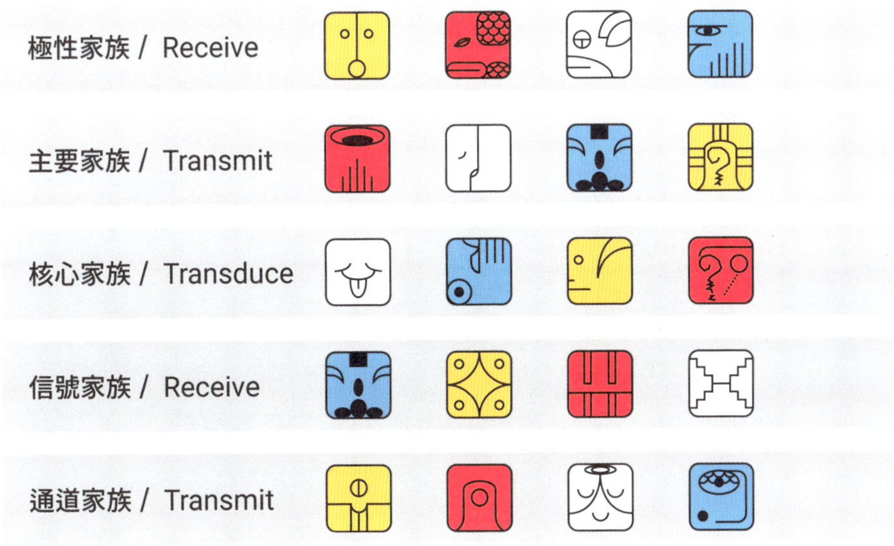

家族	類型	圖騰
極性家族	Receive	
主要家族	Transmit	
核心家族	Transduce	
信號家族	Receive	
通道家族	Transmit	

極性家族

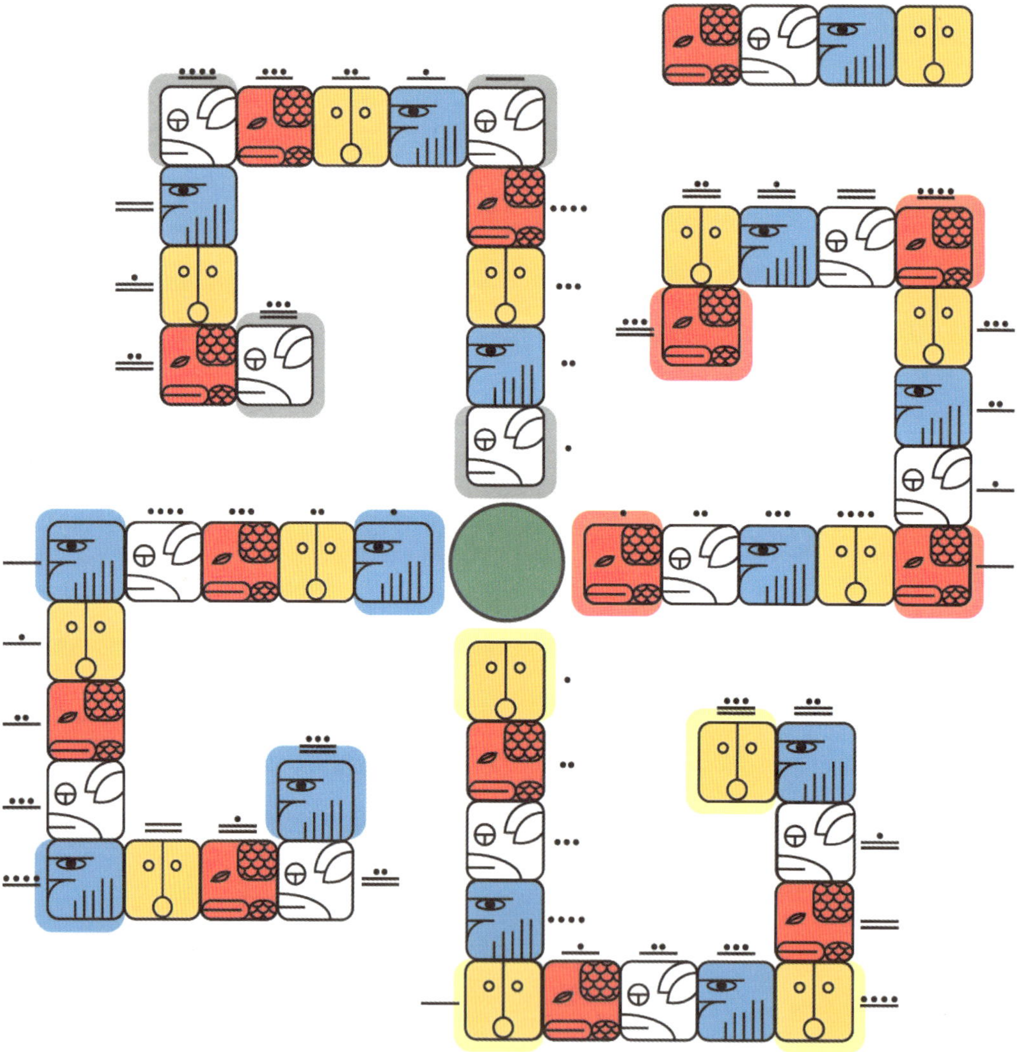

 **紅蛇 Red Serpent**：啟動生命力、轉動熱情，以身體感知來連接世界，釋放舊有模式、蛻變同時更是成長，帶來深刻的領悟。紅蛇年脫皮蛻變，是第一階段的掙扎。蛇年若不改變、馬上就會被狗年之愛追著咬？！

 **白狗 White Dog**：以愛來淨化並純淨內心，在愛的歷程中接納自己，白狗年讓生命回歸內心、更加單純。白狗年愛到撕心裂肺，深刻反省後決心好好愛自己，若狗年再不愛自己、來年就會被老鷹叼著飛？！

 **藍鷹 Blue Eagle**：以新的視角轉換生命，在觀察與行動中表達創造力。藍鷹年轉化跟蛻變的是我們的視野，我們觀察、觀看的視角，觀察生命的角度。藍鷹年看起來冷靜且事不關己，卻要有一種很深刻地進入自我關照。

 **黃太陽 Yellow Sun**：把溫暖回歸本我，以生命鍛鍊開展覺醒之光，溫暖自己且溫暖別人，這是同步的。給予溫暖、給出你的關懷，給出你的光芒。黃太陽年就突然有一種開悟的感受，而這種領悟是只有自己經歷過才明白的，叫做「多麼痛的領悟呀」！

各城堡的重要時刻

覺察關鍵點：看看自己在切換城堡時，有沒有發生什麼重要的改變？

當波符遇到開頭、轉彎與結束的地方，調性1、5、9、13，有何事件與主題。

這些時刻都代表了重要的事件與主題。你在這些轉折點上所經歷的變化，將為你的人生旅程增添豐富的色彩和深刻的智慧。

紅蛇年

這是啟動和蛻變的時刻。紅蛇象徵著生命力和熱情。在這一年中，你將勇敢地面對挑戰，釋放舊有的模式，迎接新的生命力。每個調性點都是你重新啟動的機會，蛻變成更強大的自己。紅色啟動城堡：

- 開頭（調性1）：勇敢踏出第一步，啟動新的旅程。
- 轉彎（調性5）：重新調整方向，釋放舊有的模式。
- 轉折（調性9）：認出自己生命力的渴望，使命必達。

●結束（調性13）：總結經驗，準備迎接新的啟動。

白狗年

這是淨化和愛的時刻。白狗代表無條件的愛和忠誠。這一年，你將深入內心，學會愛自己，並在愛中成長和蛻變。每個調性點都是你跨越心靈障礙的契機，淨化內心。白色跨越城堡：

●開頭（調性1）：開始新的愛的旅程，淨化內心。

●轉彎（調性5）：跨越心靈的障礙，接受內心的淨化。

●轉折（調性9）：在愛中成長，深刻地愛自己和他人。

●結束（調性13）：內心的愛達到圓滿，準備新的跨越。

藍鷹年

這是轉換和創造的時刻。藍鷹象徵著新的視角和創造力。這一年，你將以新的視角看待生命，表達你的創造力和洞察力。每個調性點都是你轉化的機會，提升你的創造力。藍色轉化城堡：

●開頭（調性1）：以新的視角開始新的旅程。

●轉彎（調性5）：重新審視方向，提升創造力。

●轉折（調性9）：表達最大的創造力，洞察生命。

●結束（調性13）：總結創造的成果，準備新的轉化。

黃太陽年

這是溫暖和領悟的時刻。黃太陽象徵著光芒和溫暖。在這一年中，你會把光芒和溫暖傳遞給他人，並在過程中達到深刻的覺醒。每個調性點都是你傳遞溫暖的機會，達到內心的覺醒。黃色給予城堡：

●開頭（調性1）：開始新的暖心之旅，傳遞光芒。

●轉彎（調性5）：調整自己的方向，繼續綻放溫暖。

●轉折（調性9）：達到最大光芒的時刻，傳遞並感染他人。

●結束（調性13）：回顧並統整自身成長的經驗，準備新的領悟。

相信你在極性家族的每一年都能夠面對挑戰，釋放內在的潛力，成為更加堅韌和充滿智慧的自己。你的生命旅程將因這些經歷而更加豐富多彩。

主要家族

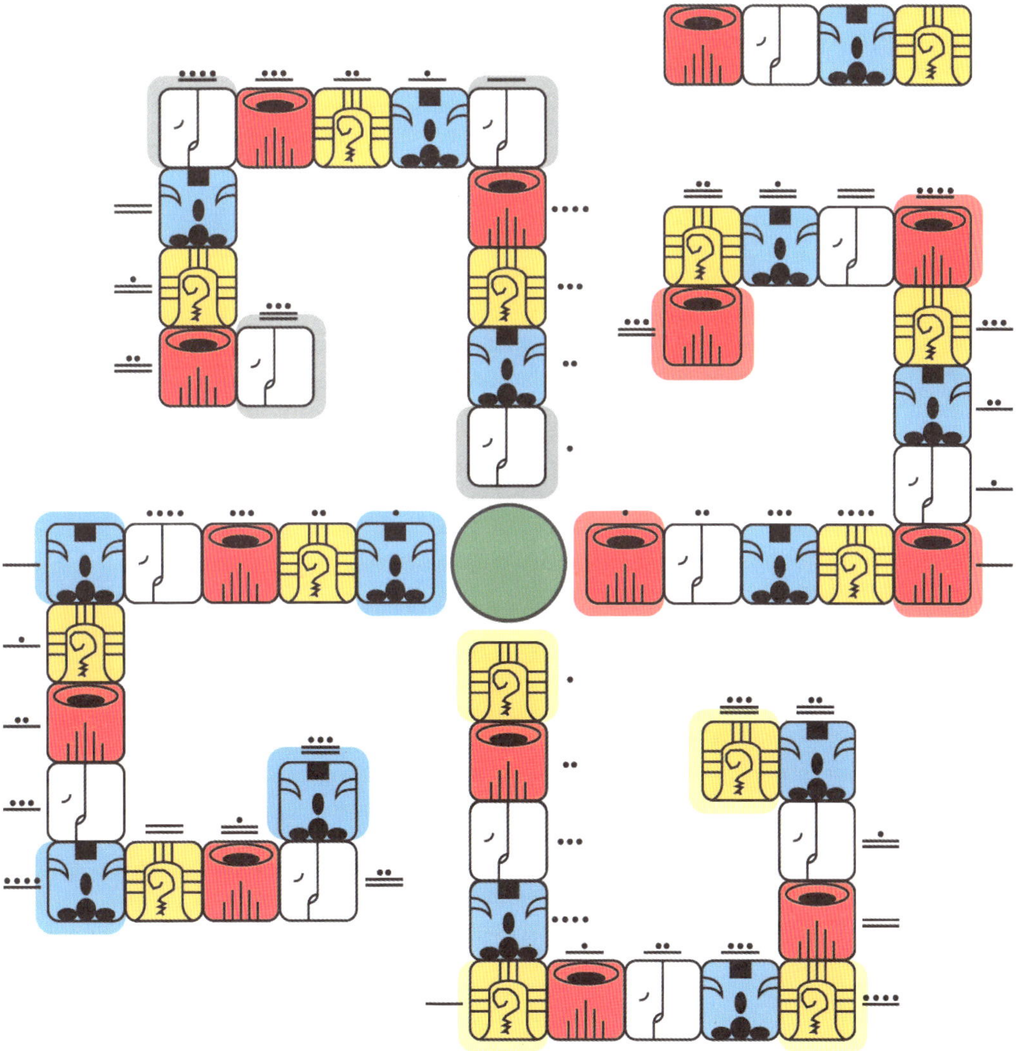

 **紅龍 Red Dragon**：從生命源頭輸入支持與滋養，啓動的是整個家族給自己的愛，給自己滋養的一年。面對事情時會說：「為了家人我願意衝第一個」，你想的是「是不是有家人跟家族的支持」，你如果覺得家人跟家族都告訴你不要去，你就算很想行動、也是啓動不了，所以你啓動的關鍵按鈕是密碼是：家人是否支持。

 **白世界橋 White Worldbridger**：以自身成為管道來連接生命，白世界橋年會經歷擔任橋梁的溝通角色，一直協調安排各種事情。第二就是要面對生離死別的議題，跨越那份恐懼與腦袋的局限，經歷放下並結束的課題。

 **藍猴 Blue Monkey**：在看見萬事萬物的歷程中認識生命真相。藍猴的改變究竟是煉金改變什麼呢？要去認出你頭腦的詭計，腦袋會有很多的小劇場，就是劇場版的頭腦騙局詭計，你要能夠去認出來。認出這些幻象的詭計，用幽默感去翻轉你的生命。特別藍色城堡是翻轉的契機，所以藍猴出現要小心，是轉掉你的這個猴子腦。

 **黃戰士 Yellow Warrior**：在提問與理解中展現無懼。黃戰士要把什麼給予生命呢？給予勇氣、給予面對問題的無懼與勇氣，黃戰士給自己勇氣，給別人勇氣跟鼓勵。黃戰士年這年會是充滿戰士精神，也會有機會跟智慧去解決蠻多問題的一年，最終能收穫自己打怪而來的生命經驗，累積一年又一年的成熟經歷，每一個穿越都將使你更加堅韌。

各城堡的重要時刻

覺察關鍵點：看看自己在切換城堡時，有沒有發生什麼重要的改變？

當波符遇到開頭、轉彎與結束的地方，調性1、5、9、13，有何事件與主題。

這些時刻都代表了重要的事件與主題。你在這些轉折點上所經歷的變化，將為你的人生旅程增添豐富的色彩和深刻的智慧。

紅龍年

這是啟動和滋養的時刻。紅龍象徵著生命力和支持。在這一年中，你將感受到來自家族的愛和支持，這是你最大的力量源泉。勇敢地迎接每一個挑戰，每個調性點都是你成長和蛻變的機會。紅色啟動城堡：

- 開頭（調性1）：以家族的愛為動力，開始新的旅程。
- 轉彎（調性5）：綻放內心力量，感受家族的支持。
- 轉折（調性9）：活出渴望，迎接挑戰。
- 結束（調性13）：總結經驗，準備迎接新的啟動。

白世界橋年

這是連接和放下的時刻。白世界橋代表著溝通和過渡。在這一年中，你將成為連接不同領域的橋梁，協助自己與他人共同跨越困難與放下恐懼。每個調性點都是你跨越障礙的契機，深化內心的成長。白色跨越城堡：

- 開頭（調性1）：開始新的連接旅程，放下過去。
- 轉彎（調性5）：跨越困難，建立新的連繫。
- 轉折（調性9）：放下恐懼，迎接新的挑戰。
- 結束（調性13）：達到內心的平和，準備新的跨越。

藍猴年

這是辨識和翻轉的時刻。藍猴象徵著幽默和智慧。在這一年中，你將用幽默感和智慧去面對生命中的挑戰，重新審視自我。每個調性點都是你轉化內在的機會，提升自我的洞察力。藍色轉化城堡：

- 開頭（調性1）：以幽默和智慧開始新的旅程。
- 轉彎（調性5）：重新審視自我，轉化內在的障礙。
- 轉折（調性9）：用幽默面對挑戰，釋放內在的力量。
- 結束（調性13）：達到內心的和諧，準備新的轉化。

黃戰士年

這是勇氣和成長的時刻。黃戰士象徵著無畏和智慧。在這一年中，你將展現無懼的精神，積累寶貴的生命經驗。每個調性點都是你成長的機會，提升內在的勇氣。黃色給予城堡：

- 開頭（調性1）：以勇氣開始新的旅程，面對生命。
- 轉彎（調性5）：調整方向，增強內在的勇氣。
- 轉折（調性9）：迎接挑戰，積累生命經驗。
- 結束（調性13）：達到內心的成熟，準備新的成長。

你在主要家族的每一年都能勇敢迎接挑戰，釋放內心深處的潛力，從而成為更加堅韌且充滿智慧的自己。每一年的經歷都將為你的生命旅程增添力量，讓自己變得更加豐富有深度。

核心家族

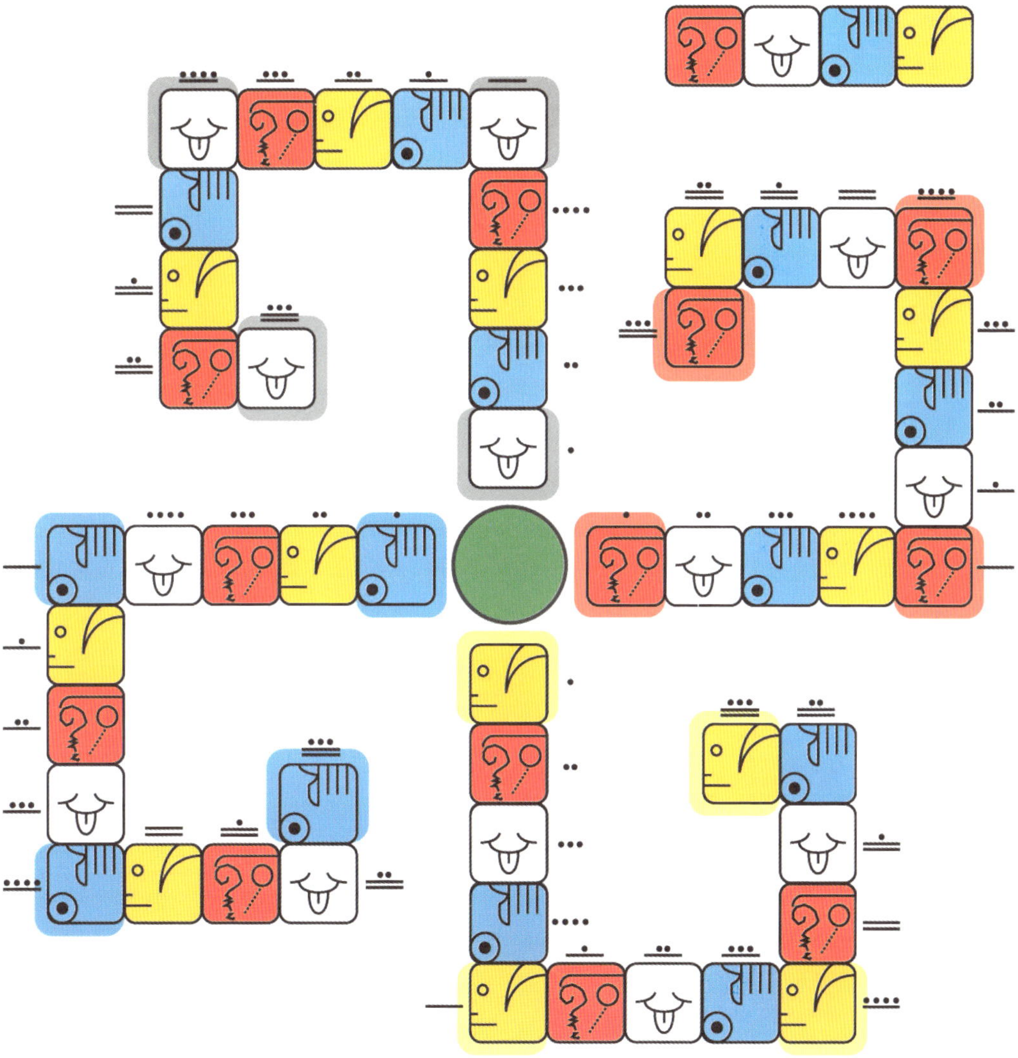

紅地球 Red Earth：依循共時來導航發展方向，返回自然航道，核心家族的紅色東方啟動城堡靠著共時的訊息來導航你的方向，共時的訊息出現時如何辨識出來。一次、兩次，三次，已經出現重複三次訊息了，你做不做？要採取行動了嗎？核心家族的你，可能會說：我現在一次就要去做了，現在不要再聽到第二次，一次就啓動，提升自己的行動力！非常臣服的狀態，就是順流這些在生活中出現的訊息徵兆，我們稱之為「共時」。在共時的訊息裡，真的認出這個共時，並且臣服、不抵抗。

白風 White Wind：從心靈意識輸入想法與信念，白風年帶來心靈意識的訊息，讓你跨越自我的思想和信念。白風管的是我們的精神、我們的思想、我們的內在起心動念。例如你流年印記是Kin182宇宙白風，剛好就是在這個白色跨越城堡位置，特別強調要積極跨越自己腦袋的思維。白色北方跨越城堡跨越自己的想法，跨越自己的思緒，跨越自己的起心動念。

藍手 Blue Hand：以雙手當成連接器並實踐，核心家族的藍色是藍手，所以改變是有一個「實踐」必須要去完成的一個力量在引動著。在核心家族的藍色是藍手，改變是校準在「我是否願意去實踐」，願意去實踐、願意去落實，願意將學到的東西真的生活在生命當中，你的生命才會真正改變。因此，核心家族非常強調「學到的東西有沒有用出來」、應用在你的生活中，如果你有實踐在生活中，你絕對改變非常快！因為你們的藍色是藍手。如果是剛好相反狀況，學是學，回到家中又是某一種舊有模式慣性狀態，沒有應用實踐的話，這個藍手這個轉動是轉不起來的。因此藍手強調「學以致用」，就是這個道理。

黃人 Yellow Human：在生命歷程中建構屬於自己的自由，黃人年意味著在生命歷程中構建屬於自己的自由，同時也尊重他人的自由意願。這是雙向的黃人：給予自己自由的同時，也讓別人享有自由。這種平衡讓你的生活更加和諧，並且增強你的內在力量。

核心家族每隔四年就有機會遇到自己的「支持年」

在核心家族的每一年，雖然有挑戰年，但也因為多了支持年（這是其他家族所沒有的），似乎多了一道宇宙給的資源，除了不斷面對挑戰，釋放內在的潛力，更是成為更加堅韌和充滿智慧的自己。你的生命旅程將因這些經歷而更加豐富多彩。每一次的轉變、每一個轉折點，都是你蛻變和成長的契機。

紅地球與白風，互為支持；藍手與黃人，互為支持。這些支持年的出現，為每個成員提供了額外的能量、資源和靈感，幫助他們在面對生命成長時更加堅強和靈活。

第一組：紅地球與白風互爲支持年

- 紅地球年（白風本人的支持年）：這是一個注重行動力落實和導航的年份。你將會認出並回應生活中的共時訊息，這些訊息會指引你走向正確的道路。順應自然流動，不要抵抗共時的訊息。當你感受到自然的徵兆時，立即行動，提升自己的行動力和決斷力。
- 白風年（紅地球本人的支持年）：這是一個注重精神和思想的年份。你會發現自己思想與靈性的內在力量，並且學會如何駕馭和超越自我。保持心靈的開放和清明，跨越自我的思想限制。專注於提升自己的內在覺知和智慧。

在紅地球與白風互為支持的年份，你會發現行動力與精神力量的完美結合。紅地球的行動力將支持白風的思想跨越，而白風的精神力量將為紅地球的行動提供方向和智慧。

第二組：藍手與黃人互爲支持年

- 藍手年（黃人本人的支持年）：這是一個注重實踐和落實的年份。你將會運用學到的知識，並將其融入生活中。實踐你所學到的一切，學以致用。通過實踐來改變和轉化自己的生活。
- 黃人年（藍手本人的支持年）：這是一個注重自由和尊重的年份。你將會在生命中建構屬於自己的自由，同時也尊重他人的自由意願。平衡自我自由和他人自由，尊重並給予自由。增強內在的力量，並在平衡中找到和諧。

在藍手與黃人互為支持的年份，你會發現實踐力與自由意志的相互補充。藍手的實踐力將支持黃人的自由建構，而黃人的自由意志將為藍手的實踐提供目標和動力。

因為互為支持的合盤就是「藍風暴」的轉化與變革，因此遇到支持年，生活會有「變動」產生，因此如何迎接變動與穩定前進，以及新的生活狀態如何建設，也成了重要關鍵。在這裡，特別提供給核心家族的家人們一些方法，如何在這一年調整到最佳狀態：

- 自我覺察：在支持年中，進行日常自我反思和覺察，了解自己的內在狀態和需求。
- 保持開放：對於出現的機會和挑戰，保持開放的心態，勇於接受新的經驗。
- 行動與靜心：在需要行動時果斷行動，在需要靜心時沉靜心靈，找到行動與靜心的平衡。
- 連結與支持：與家族成員和朋友保持連結，尋求和提供支持，共同成長。
- 內在調和：平衡自己的內在力量，調和不同能量之間的互動，達到最佳狀態。

通過這些方法，核心家族的每個成員都能在四年一次的「支持年」當中藉由宇宙之力，充分達到轉化的成長並發揮自己的力量，實現更高的改變與進步，達成新的生命建設。

各城堡的重要時刻

覺察關鍵點：看看自己在切換城堡時，有沒有發生什麼重要的改變？

當波符遇到開頭、轉彎與結束的地方，調性1、5、9、13，有何事件與主題。

這些時刻都代表了重要的事件與主題。你在這些轉折點上所經歷的變化，將為你的人生旅程增添豐富的色彩和深刻的智慧。

紅地球年

啟動年，這一年中，你會迎來全新的開始與變革。你需要依循共時訊息，導航發展方向，回到自然的航道。紅色啟動城堡的旅程：你擁有無限的潛力，只要你相信自己，順應共時訊息，你就能找到正確的方向並獲得力量。我剛好有個實際案例，有位主印記白風的星際家人，在磁性紅地球這一年與先生訂婚，隔年結婚，接著在紅色城堡的階段中生了兩個孩子。充滿了啟動的頻率，開始新人生的階段。

- 開頭(調性1)：充滿活力的開始，信任自己的直覺，勇於探索新的領域。
- 轉彎(調性5)：接受挑戰，適應變化，利用共時訊息引導自己。
- 轉折(調性9)：進一步深入，將意圖與行動力轉化為具體的成果。
- 結束(調性13)：完成一個階段，反思並整理經驗，準備迎接新的旅程。

白風年

跨越年，這一年中，你需要從心靈意識輸入想法與信念，跨越自我的限制，達到更高的精神境界。白色跨越城堡的旅程：你擁有豐富的內在世界，跨越自我的限制，你將發現無限的智慧與可能性。

- 開頭(調性1)：新的精神旅程開始，信任自己的內在聲音。
- 轉彎(調性5)：跨越思想的限制，接受新的觀點和挑戰。
- 轉折(調性9)：將精神覺悟轉化為行動，影響周圍的人。
- 結束(調性13)：達到內在的和諧，擁有更高的心靈覺悟。

藍手年

轉化年，這一年中，你需要通過實踐來轉化自己，將學到的知識應用於生活中。藍色轉化城堡的旅程：你擁有無限的創造力，通過實踐，你將能夠轉化並提升自己，實現心中的夢想。

- 開頭(調性1)：開始實踐，將理論轉化為行動。
- 轉彎(調性5)：面對實踐中的挑戰，保持堅定與靈活。
- 轉折(調性9)：深入實踐，從經驗中獲得成長。
- 結束(調性13)：完成實踐階段，反思並總結經驗，準備再迎接新的開始。

黃人年

給予年，這一年中，你需要在生命歷程中建構屬於自己的自由，同時也尊重他人的自由意願。黃色給予城堡的旅程：你擁有強大的內在力量，給予自己與他人自由，你將能夠創造一個和諧與充滿愛的平衡世界。

● 開頭（調性1）：新的收穫階段開始，給予自己和他人自由。
● 轉彎（調性5）：在自由中找到平衡，尊重自我與他人的需求。
● 轉折（調性9）：進一步擴展自由，影響周圍的人。
● 結束（調性13）：達到內在與外在的和諧，實現真正的自由。

在每一個重要的轉換點（跨城堡、開頭結束與轉折），留意發生的重要改變，記錄下自己的感受和經驗，並根據需要進行調整。相信自己的能力，擁有正向的心態，你將能夠在每一個流年城堡中，充分發揮自己的潛力，實現卓越的成長與進步。

信號家族

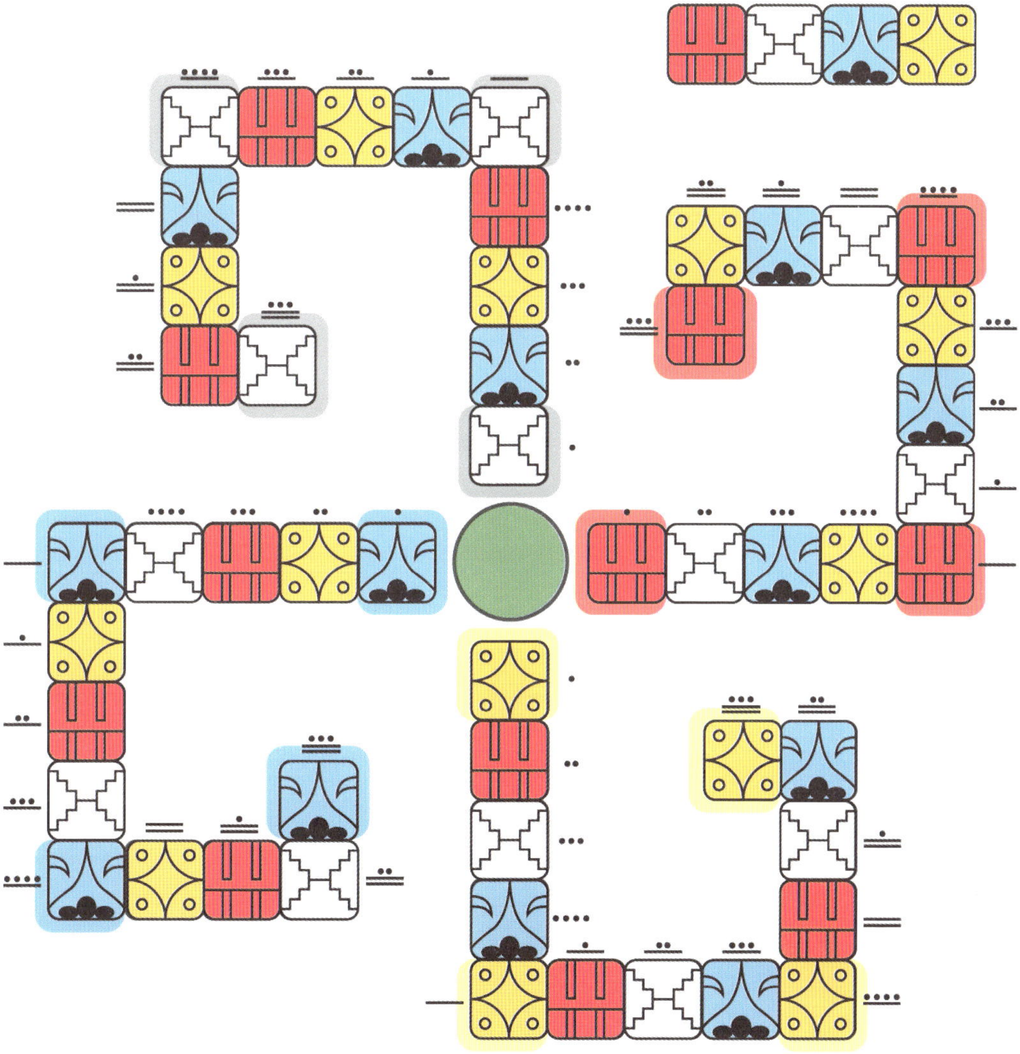

 **紅天行者 Red Skywalker**：在移動與探索中展現生命，紅天行者依循著想要探索這個世界的一種好奇心而啟動。紅天行者在探索這世界的過程中展現生命力。紅天行者的核心動力來自於對世界的好奇心，這種好奇心驅使他們不斷尋找新鮮感，學習和探索。這種探索精神使他們渴望變化，勇於嘗試不同的事物。

 **白鏡 White Mirror**：生命的本質，所有都是從內心向外的映照，白鏡的任務是跨越自我，反映生命的本質，認識內心的映照。這並非易事，因為很多時候我們不願意面對自己的投射(真的是不想認啊，怎麼可能是我？沒有吧，是別人在投射啊，反正怎麼樣都不會是自己投射嘛)，而傾向於認為是別人在控制或影響我們。但白鏡提醒我們，所有外在的投射其實都是內心的反映，這是一種自我認識和成長的過程。

 **藍夜 Blue Night**：從夢境中輸入直覺與夢想的潛意識訊息，藍夜透過夢境輸入直覺與夢想的潛意識訊息。藍夜年是你的夢想年，這一年中，你需要從夢境和潛意識中汲取靈感，實現自己的夢想。信任直覺和潛意識，這些潛在的訊息將引導你實現內心深處的夢想。

 **黃星星 Yellow Star**：以靈感來連接世界並創造，黃星星以靈感來連接世界並創造。黃星星的使命是把最美麗的靈感資訊接收下來、將天上最美的靈感和訊息帶到人間，顯化在這個世界上。黃星星給予自己和他人靈感，並在生活中展現出來。這種創造力和優雅的特質能夠把美麗的靈感轉化為現實中的美好事物。

信號家族每隔四年就有機會遇到自己的「隱藏推動年」

紅天行者與黃星星，互為隱藏推動；白鏡與藍夜，互為隱藏推動。每當隱藏推動年到來時，正代表了一個潛藏的能量將會被你認回，同時激發你內在的潛力，推動你在生命旅程中的成長和提升、更加圓滿的生命、朝向夢想的力量。

第一組：紅天行者與黃星星，互爲隱藏推動年

● 紅天行者年(黃星星本人的隱藏推動年)

紅天行者在隱藏推動年中，受到黃星星的靈感和創造力的影響。這一年，你的探索和冒險精神會被注入更多的靈感和美麗的能量。這是把你的發現和經驗轉化為實際成果的時機。

紅天行者的好奇心和探索精神在這一年將被黃星星的創造力和靈感推動，這使你能夠將新的發現和靈感具體化，創造出美麗和有意義的成果。接受黃星星的靈感，讓你的冒險和探索有更多的創造力和美感。保持開放，讓靈感自然流動，並將其應用於你的探索和創新中。

●黃星星年（紅天行者本人的隱藏推動年）

黃星星在隱藏推動年中，受到紅天行者的冒險和探索精神的激勵。這一年，你的創造力和靈感將被新的冒險和發現所激發，這是探索新的靈感來源的最佳時機。

黃星星的靈感和創造力在這一年將受到紅天行者的探索精神的激勵，使你能夠找到新的靈感來源，並將其應用於創造過程中。接受紅天行者的探索精神，勇於嘗試新的事物，打破常規，讓你的創造力和靈感有更多的發展空間。保持好奇心，勇敢探索未知的領域。

第二組：白鏡與藍夜，互為隱藏推動年

●白鏡年（藍夜本人的隱藏推動年）

白鏡在隱藏推動年中，受到藍夜的直覺和夢想的啟發。這一年，你的自我反省和內心映照將更加深入，藉由夢境和潛意識中的訊息來理解自己的內在世界。白鏡的內心映照和自我認識在這一年將被藍夜的直覺和夢想所推動，讓你能夠更深刻地了解自己的內心和潛意識。接納藍夜的夢境和直覺，讓它們引導你的內心探索。保持開放的心態，信任潛意識中的訊息，並將其應用於自我認識和成長中。

●藍夜年（白鏡本人的隱藏推動年）

藍夜在隱藏推動年中，受到白鏡的內心映照和反省內心的啟發。這一年，你的夢境和直覺將被更深層的自我認識和內心反省所激發，這是深入了解自己夢想和潛意識的時機。藍夜的直覺和夢境在這一年將受到白鏡

的自我反省和內心映照的推動，使你能夠更深入地了解自己的夢想和潛意識。接受白鏡的自我覺察，讓你的夢境和直覺更加清晰。保持內心的誠實和透明，並透過內心映照來深入了解自己的潛意識和夢想。

各城堡的重要時刻

覺察關鍵點：看看自己在切換城堡時，有沒有發生什麼重要的改變？

當波符遇到開頭、轉彎與結束的地方，調性1、5、9、13，有何事件與主題。

這些時刻都代表了重要的事件與主題。你在這些轉折點上所經歷的變化，將為你的人生旅程增添豐富的色彩和深刻的智慧。

紅天行者年

探索年，這一年中，你需要依靠好奇心來啟動生命力，探索世界並追求新的經驗。紅色啟動城堡：你擁有無限的好奇心和探索精神，勇於追求不同，你將發現生命中的美好與奇妙。

- 開頭（調性1）：勇於踏出舒適圈，追求新鮮感和學習新事物的機會。
- 轉彎（調性5）：在探索中面對挑戰，保持開放的心態。
- 轉折（調性9）：深入探索，將所學轉化為實際經驗。
- 結束（調性13）：總結經驗，反思並準備迎接新的冒險。

白鏡年

反思年，這一年中，你需要跨越自我，透過內心的映照，認識真正的自己。白色跨越城堡：你擁有透視內心的力量，通過自我接納與反思觀照內心，你將變得更加清晰和強大。

- 開頭（調性1）：開始內心的探索，勇敢面對自己的投射。
- 轉彎（調性5）：在反思中跨越自己的限制，接受真實的自我。
- 轉折（調性9）：深入內心，找到內在的和諧。
- 結束（調性13）：達到內在平衡，帶著更深的自我認識迎接新階段。

藍夜年

夢想年，這一年中，你需要從夢境和潛意識中汲取靈感，實現自己的夢想。藍色轉化城堡：你擁有實現夢想的潛力，信任你的直覺並採取行動，夢想將鍛鍊成金、成為現實之可能。

- 開頭（調性1）：開始追尋夢想，信任直覺和潛意識。
- 轉彎（調性5）：在實現夢想的過程中，保持堅持和耐心。
- 轉折（調性9）：深入夢想的實現，將靈感轉化為現實。
- 結束（調性13）：達成夢想，反思並準備迎接新的目標。

黃星星年

靈感年，這一年中，你會將天上的靈感和美麗的訊息帶到人間，創造出美麗的事物。黃色給予城堡：你擁有無限的靈感和創造力，將美麗的想法帶到現實世界，創造出想要給予的作品。

- 開頭（調性1）：開始接收靈感，將其轉化為創造力。
- 轉彎（調性5）：在創造過程中，保持優雅和美感。
- 轉折（調性9）：深入創作，將靈感轉化為具體的成果。
- 結束（調性13）：完成創作，反思並準備迎接新的靈感。

在這一段旅程中，信號家族的成員們，當你遇到轉折點時，保持開放的心態，接納每一個挑戰與機會，這些都將是你內在潛力的催化劑，推動你走向更加圓滿的生命體驗。無論是面對自我的映照、追隨夢想，還是勇於探索與創造，這都是你與宇宙能量同步的美麗旅程。

通道家族

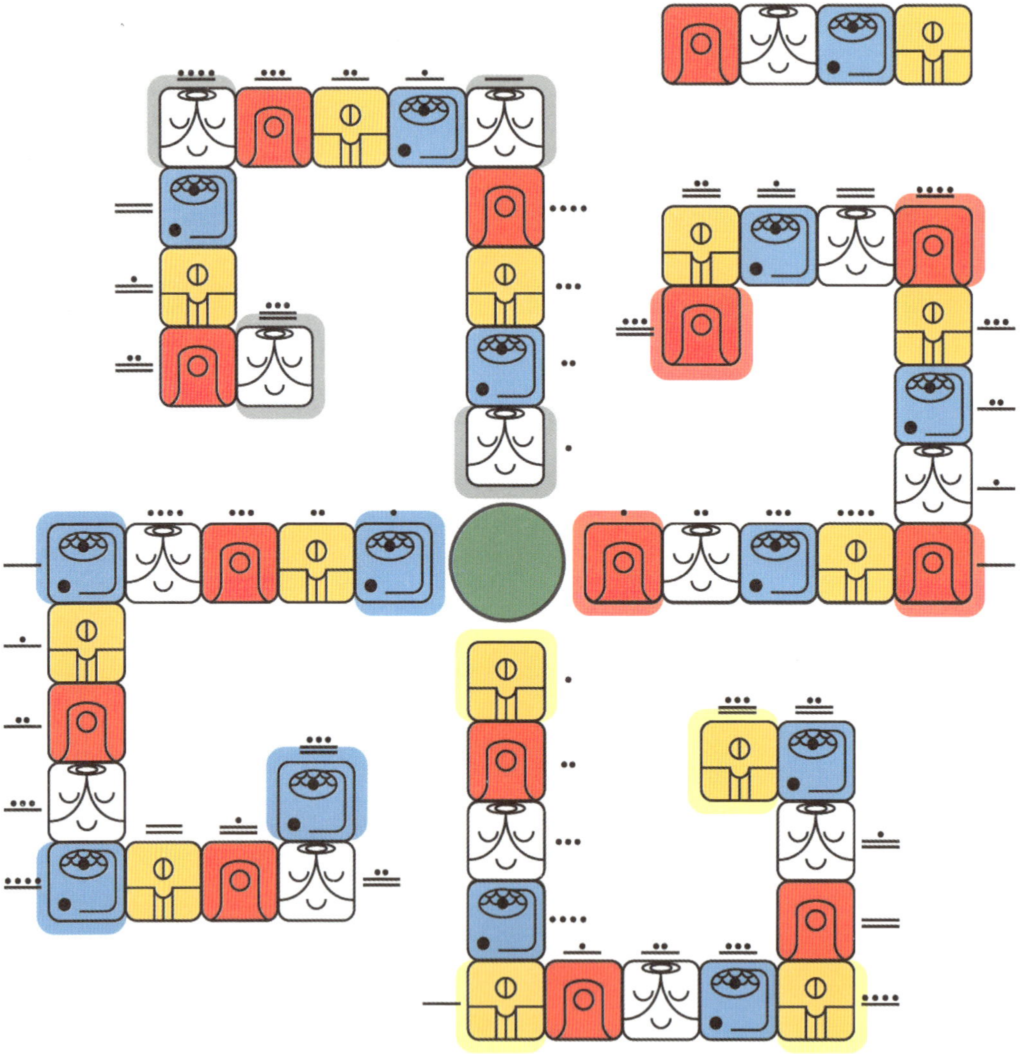

紅月 Red Moon：從感受的歷程中理解自己。通道家族的紅色啓動靠情緒感受啓動，靠內在想要療癒的心情啓動。許多通道家族的家人們因為想要走上情緒的自我療癒道路，開始走入身心靈的世界，尋找內心深處的答案，這個過程往往會導向白巫師。紅月代表著通過情緒感受理解自己，並以此啟動療癒的旅程。

白巫師 White Wizard：在靜心與覺知中展現力量。白巫師跨越的是一種從外向內尋求的過程，是從外向內的轉變，類似於白鏡的反射。白巫師內在的關照和觀察引導我們從外部尋求解答轉向內心，認識到內在已經擁有所有問題的解答。這是一個由外向內尋求的過程，最終理解並接受自己需要對自己的生命全然負責。只有當白巫師閉上眼睛，向內關照時，才能找到真正的答案。

藍風暴 Blue Storm：自然運生的改變力量，校準生命本質。如果你在通道家族出生在藍風暴的藍色城堡，那麼你天生就擁有不斷變動和轉化的力量。即便不是藍風暴主印記，只要你是通道家族出生在藍色蛻變城堡，就意味著你的一生充滿了變動和調整的過程。藍風暴代表著自然運生的改變力量，幫助你校準生命的本質。

黃種子 Yellow Seed：從意識源頭輸入種子的啟蒙力量。通道家族的黃種子帶來的是信心。黃種子與信心緊密相連，對生命的信任讓你擁有耐心。黃種子的這十三年，可能會有人感覺艱難，但這正是黃種子給予的考驗：耐心和信心。這期間，你會學會相信生命的過程，相信內在種子的力量和意願，這是非常重要的成長旅程。

各城堡的重要時刻

覺察關鍵點：看看自己在切換城堡時，有沒有發生什麼重要的改變？

當波符遇到開頭、轉彎與結束的地方，調性1、5、9、13，有何事件與主題。

這些時刻都代表了重要的事件與主題。你在這些轉折點上所經歷的變化，將為你的人生旅程增添豐富的色彩和深刻的智慧。

紅月年

紅色啟動城堡的紅月年代表著感受和情緒的啟動。這一年，你將通過情緒的波動來理解自己，進行內在的自我療癒。

- 開頭（調性1）：開始關注自己的情緒和感受，這是啟動自我療癒的第一步。
- 轉彎（調性5）：在情緒的波動中找到平衡，開始深層的內在探索。
- 轉折（調性9）：釋放壓抑的情緒，進一步加深對自我的理解。
- 結束（調性13）：完成情緒的療癒過程，達到內心的和諧與平靜。

白巫師年

白色跨越城堡的白巫師年代表著從外向內的覺知和內在的力量。這一年，你將透過靜心和內省，發現並運用內在的智慧和力量。

- 開頭（調性1）：開始從外在世界轉向內在世界，尋找內心的答案。
- 轉彎（調性5）：在靜心和內省中，跨越內心的障礙，發現內在的力量。
- 轉折（調性9）：全然接受自我，承擔起對自己生命的責任。
- 結束（調性13）：達到內心的完全覺知，擁有內在的智慧和力量。

藍風暴年

藍色轉化城堡的藍風暴年象徵著變革和轉化的力量。這一年，你將經歷生命中的劇變，這些變化將帶來深刻的成長和轉化。

- 開頭（調性1）：開始經歷變化和轉變，這是自我轉化的起點。
- 轉彎（調性5）：在變化中找到自己的定位，開始重新調整生命的方向。
- 轉折（調性9）：迎接重大改變，釋放內在的創造力和潛能。
- 結束（調性13）：完成轉化過程，達到新的生命階段，擁有更深的智慧和力量。

黃種子年

黃色給予城堡的黃種子年代表著信任和耐心的培育。這一年，你將學會在生命中播種希望，並蓄積能量，在等待中積累內在力量和信心。

●開頭（調性1）：開始種下希望的種子，相信未來的可能性。

●轉彎（調性5）：在等待中保持耐心，繼續堅持自己的信念。

●轉折（調性9）：面對挑戰，積累經驗和力量，保持信心。

●結束（調性13）：收穫成長的果實，達到內在的豐盛和滿足，準備迎接新的播種周期。

通道家族的力量在於每一個階段中的啟動、跨越、轉化與給予。這一年，你們將感受到來自紅月、白巫師、藍風暴和黃種子的共同支持，這些能量將引導你在感受、覺知、變革與信任的旅程中成長與進化。

無論你正處於哪個階段，請記住，經歷的每一年，都是通道家族與宇宙共同編織的進化旅程。勇敢接受情緒、靜心傾聽內在、擁抱變革，並保持信心等待種子的萌芽。每個階段的挑戰與成長，都將為你的人生旅程注入豐富的智慧與力量，成就更圓滿的生命。

城堡解讀範例

52流年命運城堡範例

出生日期：1977年12月12日

主印記：共振藍夜

地球家族：信號家族

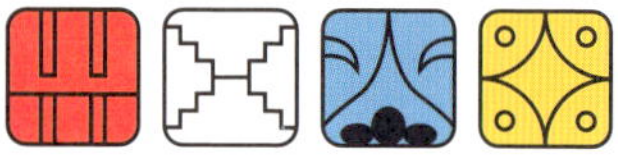

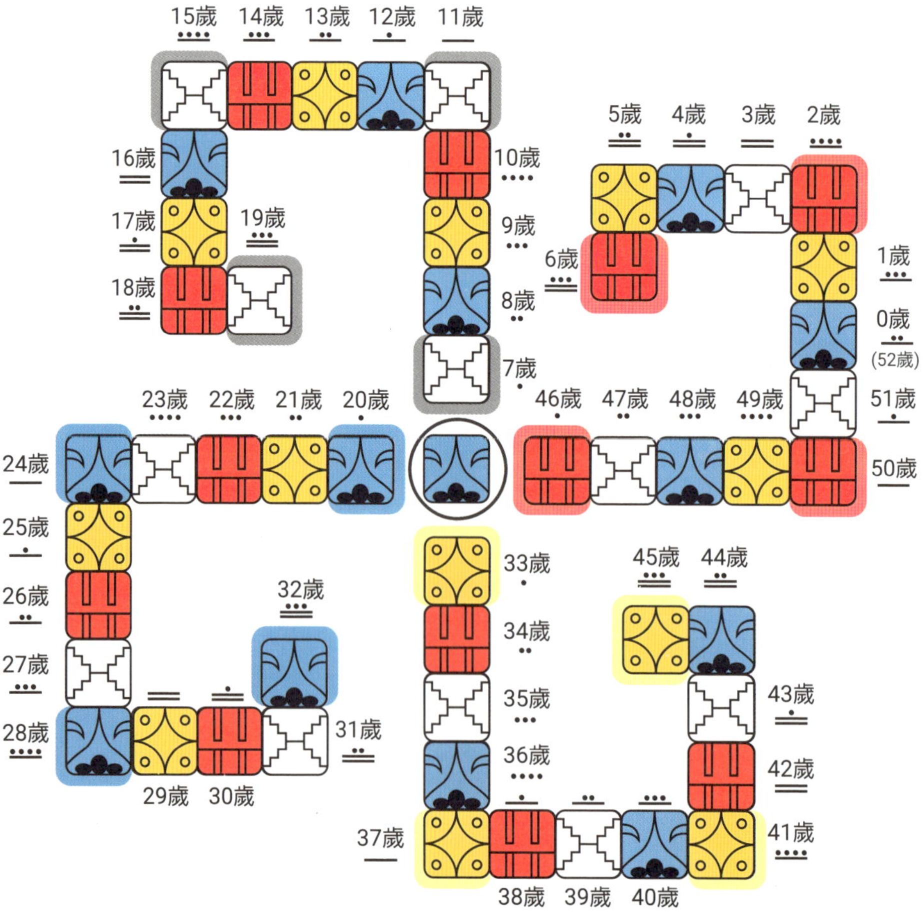

這裡以Kin163共振藍夜，也就是我的城堡作為範例。

紅色啟動城堡

主印記共振藍夜，我在紅色城堡的第七個調性（共振位置）誕生，帶有開創的天賦與本質，紅天行者的好奇與探索，更是我整個人生很重要的開展力量。

白色跨越城堡

這十三年，從我小學二年級（七歲），一直到大學二年級（十九歲），求學階段幾乎都在讀書。遇到兩個轉彎處，就是升學階段同時換學校。當我回顧這個生命階段時，真的很像白鏡的十三年，在自己奮鬥道路上前進的瑜伽行者。

在最後一個位置，我流年一進Kin78宇宙白鏡 / 白世界橋波符這一年，大學二年級，加入了禪學社，開始靜心禪修，一度以為自己要剃度出家、遁入空門了呢！

藍色轉化煉金城堡

這十三年，可說是浴火重生，超級精采的人生翻轉之旅，從我大學三級（二十歲）、考上研究所、接受心理諮商專業訓練、工作、再辭掉工作，進入關係、結束關係後又開始一段關係、創立左西，一直到創業初期最辛苦的前兩年（三十二歲）。

流年Kin183磁性藍夜 / 藍夜波符立下心願：大學三年級，在校內申請教育學程，到最後一關考試未通過，於是決定直接考研究所，朝自己的夢想邁進。

流年Kin133電力紅天行者 / 藍猴波符，這一年，流年進宇宙中柱，回歸生命核心的道路，考上研究所，正式進入心理諮商專業領域。

其中，遇到了我的二十六歲完美挑擴展年，流年Kin33共振紅天行者 / 藍手波符，這一年真的完成了好多好多事，包含進入一段關係、碩四的畢業論文撰寫、同時進行一整年兩千小時的心理師駐地實習，當年七月論文口試且正式畢業，開始找工作，面試錄取、搬家，開始全新階段的生活。

看著紅天行者加上藍手波符的印記，這一年真的超級挑戰，非常忙碌，一直不斷的開車、東奔西跑。這一年，真的馬不停蹄，沒有任何休息的一天。

說來也神奇，一過生日之後，流年Kin138銀河白鏡／藍猴波符，能量就整個放鬆許多，白鏡的流年也讓我看得更清晰「什麼是我想要的工作型態」，搞清楚之後辭職，同時準備高考／正式取得心理師執照。幾個月之後，搬家回台中，在台中的逢甲大學擔任心理師與通識教育中心講師的工作。

流年Kin193光譜紅天行者／藍夜波符，這一年我三十歲的前夕，就開始經歷一連串的放下與結束。決定辭掉專職工作擔任行動心理師（紅天行者又是到處奔跑的一年），離開前一段關係，搬家決定離開家裡到外面租屋。也在同年認識了我先生，一邊討論彼此的未來，也更清楚自己夢想的方向，於是我辭掉了大部分的工作安排，開始減少通勤接案，自己多往帶領工作坊與課程教學前進。同時開始找店面、構思創業開店的事。

二〇〇八年上半年，因緣聚會頂了一間小書店開始做起，暑假時又不小心買下台中市上安路的一間店面，這個轉折歷程十分驚險而且焦慮，殺個措手不及，同時準備正式替「自己的店」開幕。

補充說明：二〇〇八年七月二十六日 Kin159電力藍風暴年，恰好有雷曼兄弟以及接續的金融風暴。左西就在這個風雨飄搖的時代中，兩個沒有專職工作的人，決定一起正式創立左西人文空間。

時間來到了二〇〇八年十二月十二日，這一年我三十一歲，流年Kin38水晶白鏡／藍手波符，左西正式開幕，我們再次搬家。現在重新以曆法的流年城堡來回顧生命事件時，看到藍手波符的流年出現，就會知道有一種「好！深呼吸～來～捲起袖子準備幹大事」的節奏。

我三十二歲來到藍色煉金城堡的最後一個位置，流年Kin143宇宙藍夜

/ 藍猴波符，流年再次進入宇宙中柱，錨定夢想的本質，回歸生命核心的道路。這一年也是第一次出國去演講、帶領工作坊課程、也開始收到一些出版社的邀約。同年九月，決定登記結婚。替藍色城堡畫下豐盛的完美句點。

黃色給予分享城堡

黃色城堡第一年，我三十三歲，流年Kin248磁性黃星星 / 黃星星波符，再次對準生命服務的方向，離開兼職服務的基金會，更回到自己分享的道路。

黃色城堡第二年，二〇一一年十二月，流年Kin93月亮 / 黃人波符，當年三十四歲，創作品001《珍愛卡》左西正式出版分享。

黃色城堡第三年，流年進入消失七世代的第五個世代，Kin198電力白鏡 / 黃戰士波符，我深深被13月亮曆召喚，當年三十五歲，創作品002《OH ！圖卡完全使用手冊》左西出版。二〇一三年八月，一進入馬雅新年後，正式開始學習星際馬雅13月亮曆法。

補充說明時代記錄：二〇一三年七月二十五日是無時間日 Kin163共振藍夜 / 紅地球波符，也是我的主印記，當年宇宙力量是七月二十六日的 Kin164銀河黃種子年，稱這一年為新世紀的第一道曙光。

黃色城堡第四年，來到三十六歲，Kin43自我存在藍夜 / 黃太陽波符。創作品003《熊讚卡：自我肯定句》左西出版，創作品004《京都：愛的功課卡》飛鳥季社出版。2014年秋分前往墨西哥馬雅聖地旅行。

隨後，第五年是高產能的一年，也就是三十七歲這年，Kin148超頻黃星星 / 黃種子波符，完成了靈性彩油系統的學習，秋分也前往了印加聖地旅行。

同時，創作品005《很角色：天賦特質卡》左西出版。

二〇一五年六月，編製《地球巫師超級馬曆手帳》左西出版。

二〇一五年八月，創作品006《左西塔羅》左西出版。

星際馬雅13月亮曆法教學課程，火熱的展開。

後來在黃色城堡的每一年，都是高產能創作、教學課程、出版分享。

我自己剛經歷黃星星這十三年的循環，回顧這黃色給予城堡，我十三年來每一年都是擔任「給予者」的頻率，包含了出版牌卡、書、手帳本，就是想要分享好東西、好資訊，並且透過大量的開課分享，把我想要傳遞的資訊傳遞出去，因此，對我來說這座黃星星的城堡就是把美麗的靈感與智慧分享傳遞出來。

這十三年來，我常在思考並問我自己：這十三年想要給予這個世界什麼呢？怎麼樣能夠把我重要的內在靈感、智慧跟這些經驗傳承下來呢？

這確實是黃星星的能量展現，信號家族的特質又是接收訊號並轉化出來，所以在黃星星這個能量的十三年特別靈感湧現，會有很多的創作，也會有很多的突發奇想，天外飛來一筆，或者是會想要產出很多作品。

第 4 部

Ⅳ

能量盤
變化應用

當我們擁有主印記同時又疊加觀看每年流年印記時，兩組能量一起看，不僅能強化個人「主印記」能量盤，同時又能以「流年盤」的五大神諭力量及G-f女神力量作為當年配備。接著，加上各自的波符（也可能會是同一條波符）與城堡位置疊加運用，能夠更全面地了解自己在這一年中的能量狀態和挑戰，可以幫助我們更好地利用每一種能量，找到平衡點，並在各個方面達到最佳狀態。

觀看重點

- 確認核心能量：找出主印記和流年印記的主要能量，理解今年的核心影響。
- 波符核心主題：確定主印記的波符與城堡的核心主題，以及流年盤的波符與城堡的年度主題，找到它們之間的連繫與差異。
- 分析支持系統：綜合兩者的支持力量，在各方面都能給予自己幫助。
- 借用引導力量：藉由引導力量做出重大決策，及尋求更高視角的指導。
- 以愛擴展挑戰：面對挑戰來接納主要挑戰，並利用挑戰力量來擴展自我成長。
- 激活隱藏力量：在關鍵時刻激發和運用隱藏力量，幫助自己面對且認回自己的潛能。
- 培養陰性能量：在內在女神力量G-f的部份，平衡和培養陰性和陽性能量的融合，達到內在和諧與整合。

這種全方位的能量分析和運用，可以幫助你在「基礎印記本質＋每年配備資源」之生活各個方面，獲得更好的結果和成長。

接下來，我們繼續開展，針對當年優勢能量，可以有哪些生活應用的層面可以加以變化呢？

需要先準備：個人主印記、個人流年印記、宇宙年數印記（當年七月二十六日的年度主印記）

【變化應用1】個人主印記＋個人流年印記

將個人主印記能量盤與流年印記能量盤相加之「合盤」，也就等於個人基底湯頭，搭配當年的流年好料，一起激盪出的能量展現。

可以找出自己配備的優勢資源，從而更好地利用這些資源來享受美麗饗宴，提升自我成長和生活品質。這個過程步驟如下：

STEP 1

➡畫出合盤（主印記＋流年印記）五大神諭、波符、女神力量

STEP 2

➡探索這組合盤頻率力量

列出這組力量的優勢資源，可以如何展現，又可以如何與當年個人流年印記相互補充和增強。

STEP 3

➡認出額外的優勢資源

通過對比和組合，找出因合盤的主印記和流年印記相加而獲得的「額外」優勢資源。

- 加強的核心能力：合盤主印記，是強化的核心能力配備。
- 多一份能量支持：合盤印記的支持力量能在這一年中給你額外的支持和力量。
- 更全面的高維指引：兩者的引導力量相結合，提供更全面和多角度的高維指引。
- 增強的挑戰應對能力：合盤印記的挑戰擴展力量能幫助你更好地應對年

度挑戰，與流年印記之挑戰力量相輔相成。

- 潛在的內在力量：合盤印記的隱藏推動力量，能激發你內在更多的潛力，與流年印記的隱藏力量相互促進。

示範案例

個人主印記Kin163共振藍夜 / 紅地球波

＋

個人流年印記Kin158月亮白鏡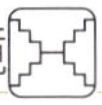 / 紅地球波

＝

Kin61太陽紅龍 / 紅天行者波

可以依照前面解釋「流年能量盤」的方式與步驟來理解這一組新增的配備。同時，可以嘗試用畫面感受來詮釋這個印記的優勢能量，從紅龍的創造力和滋養力、太陽的行動啟示力量，以及紅天行者的探索精神來描繪。

在宇宙之初，紅龍喚醒了黎明，
創造的源泉在其血脈中流淌，
每一個細胞都蘊藏著無限的潛力。
如太陽般炙熱的心，無畏黑暗，
照亮每一個角落，喚起沉睡的靈魂。

紅天行者，乘著夢想的翅膀，
穿越時空，探索未知的疆域。
每一步，都帶著對生命的好奇，
每一個轉角，都散發著無限的可能。
在無垠的宇宙中，尋找那一絲真理，
在星辰之間，編織著無數的傳奇。

太陽紅龍，燃燒著創造的火焰，
紅天行者，擁抱著無垠的探索。
這是勇氣與智慧的結合，是啟示與創造的共鳴。
在這神聖的舞蹈中，我們發現了內心的力量，
在每一次呼吸中，感受到宇宙的脈動。

讓我們如詩人般，讚美這股能量，
在紅龍的庇護下，勇敢地創造，
在紅天行者的引領下，無畏地探索。
這是Kin61太陽紅龍，一個充滿希望與無限可能的力量。

【變化應用2】個人主印記＋宇宙年數印記

將個人的主印記與宇宙年數的流年印記相加，這一個組合盤之力量，可以幫助你了解自己在宇宙能量中的位置，並看到自己如何與更大的宇宙頻率同頻共振。這樣的結合有助於更深刻地理解自己，以及如何利用宇宙能量來達到個人和集體的和諧與進步。以下是具體的分析步驟和應用方法：

STEP 1

➡畫出合盤（主印記＋宇宙年數印記）五大神諭、波符、女神力量

STEP 2

➡探索這組合盤頻率力量

列出這組力量的優勢資源，可以如何展現，又可以如何與當年個人流年印記相互補充和增強。

依照以上步驟，來探索。

示範案例

個人主印記Kin163共振藍夜 / 紅地球波

＋

宇宙年數印記Kin19韻律藍風暴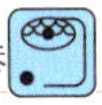 / 白巫師波

＝

Kin182宇宙白風 / 白狗波

就可以依照前面解釋「流年能量盤」的方式與步驟來理解這一組新增的配備。同時，可以嘗試用畫面感受來詮釋這個印記的優勢能量，以其純潔的靈性和無私的愛，為我們帶來深刻的啟示與力量。

在宇宙的深處，白風輕輕吹拂，
靈性的氣息，穿透心靈的迷霧。
每一個呼吸，都帶著真理的吟唱，
每一句話語，都是靈魂的回響。
在這無形的風中，我們感受到愛的律動，
在這無聲的呢喃中，我們聆聽到心的聲音。

白狗的愛，如無邊的海洋，
包容一切，溫暖所有的心靈。
愛的忠誠，如恒星般閃耀，
指引我們走向光明的道路。
在這愛的波符中，我們學會了無條件的付出，
在這無私的愛中，我們找到了生命的真諦。

宇宙白風，帶來的是純潔的靈性，

白狗的愛，則是無邊的包容。
這是心靈與愛的交融，是靈性與無私的和諧。
在這心靈的旅程中，我們尋找到內心的平靜，
在每一次呼吸中，感受到愛的力量。

讓我們如詩人般，讚美這股能量，
在白風的吹拂下，靜心傾聽靈魂的聲音，在
白狗的愛中，無私地愛與被愛。
這是Kin182宇宙白風，一個充滿靈性與無私之愛的印記。

【變化應用3】個人主印記＋個人流年印記＋宇宙年數印記

將個人的主印記、個人流年印記與宇宙年數的流年印記，這三個全部相加，也是三位一體的能量。在個人本質、環境因素、與大宇宙的三方位時空頻率中，展現個人內在、個人外在、及集體的同頻共振。

STEP 1

➡畫出合盤（主印記＋流年印記＋宇宙年數印記）五大神諭、波符、女神力量

STEP 2

➡探索這組合盤頻率力量

列出這組力量的優勢資源，可以如何展現，又可以如何與當年個人流年印記相互補充和增強。

依照以上步驟，來探索。

示範案例

個人主印記Kin163共振藍夜 / 紅地球波

＋

個人流年印記Kin158月亮白鏡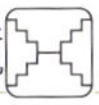 / 紅地球波

＋

宇宙年數印記Kin19韻律藍風暴 / 白巫師波

＝

Kin80月亮黃太陽 / 藍風暴波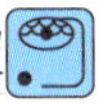

就可以依照前面解釋「流年能量盤」的方式與步驟來理解這一組新增的配備。有太陽的光度，有變革與新建設的藍風暴波，象徵著力量與光明的交織，變革與重生的融合。

在遙遠的天空下，月亮黃太陽輕輝，
光芒四射，照亮黑夜的每一個角落。
它是希望的燈塔，燃起心中的火焰，
在靜謐的時光中，帶來無盡的溫暖。
每一縷陽光，都是靈魂的啟示，
每一次升起，都是生命的重生。

藍風暴來臨，捲起生命的旋律，
在變革的狂風中，我們迎接新生的曙光。
它的力量，如同雷霆般震撼，
在毀壞中重建，於混沌中孕育希望。
每一次風暴，都是破舊立新的機遇，
每一次狂風，都是內心的深刻洗禮。

月亮黃太陽的溫暖，與藍風暴的強勁，

在這交織中，我們看見了生命的全貌。
這是光明與黑暗的舞蹈，是溫暖與力量的融合。
在這變革的波符中，我們找到重生的契機，
在這光與影的交匯中，我們感受到生命的奧祕。

如詩人般讚美這股能量，
在黃太陽的照耀下，感受心靈的溫暖，
在藍風暴的洗禮中，迎接變革的力量。
這是Kin80月亮黃太陽，
一個充滿光明與重生的力量，
在變革中成長，在新生中綻放。

13月亮曆豐盛流年關鍵

解讀52生命城堡的人生劇本，與宇宙能量同頻共舞

作者——陳盈君
封面設計——莊謹銘
版面設計——郭彥宏
內頁排版——賴姵伶
校對協力——左西團隊、范新淳
行銷企劃——蕭浩仰、江紫涓
行銷統籌——駱漢琦
營運顧問——郭其彬
業務發行——邱紹溢
副總編輯——劉文琪

出版——地平線文化 / 漫遊者文化事業股份有限公司
地址——台北市103大同區重慶北路二段88號2樓之6
電話——(02) 2715-2022
傳真——(02) 2715-2021
讀者服務信箱——service@azothbooks.com
臉書——www.facebook.com/azothbooks.read
網路書店——www.azothbooks.com

發行——大雁文化事業股份有限公司
地址——新北市231新店區北新路三段207-3號5樓
電——話　02-8913-1005
傳——真　02-8913-1056

初版一刷——2024年 11月
定價——台幣 680元
ISBN 978-626-98787-7-2

國家圖書館出版品預行編目 (CIP) 資料

13 月亮曆豐盛流年關鍵：解讀 52 生命城堡的人生劇本，與宇宙能量同頻共舞 / 陳盈君著. -- 初版. -- 臺北市：地平線文化，漫遊者文化事業股份有限公司出版；新北市：大雁文化事業股份有限公司發行，2024.11

面；　公分

ISBN 978-626-98787-7-2(平裝)
1.CST: 命運 2.CST: 能量

293　　113016306

卓爾金曆

1 紅龍	1	21	41	61	81	101	121	141	161	181	201	221	241
2 白風	2	22	42	62	82	102	122	142	162	182	202	222	242
3 藍夜	3	23	43	63	83	103	123	143	163	183	203	223	243
4 黃種子	4	24	44	64	84	104	124	144	164	184	204	224	244
5 紅蛇	5	25	45	65	85	105	125	145	165	185	205	225	245
6 白世界橋	6	26	46	66	86	106	126	146	166	186	206	226	246
7 藍手	7	27	47	67	87	107	127	147	167	187	207	227	247
8 黃星星	8	28	48	68	88	108	128	148	168	188	208	228	248
9 紅月	9	29	49	69	89	109	129	149	169	189	209	229	249
10 白狗	10	30	50	70	90	110	130	150	170	190	210	230	250
11 藍猴	11	31	51	71	91	111	131	151	171	191	211	231	251
12 黃人	12	32	52	72	92	112	132	152	172	192	212	232	252
13 紅天行者	13	33	53	73	93	113	133	153	173	193	213	233	253
14 白巫師	14	34	54	74	94	114	134	154	174	194	214	234	254
15 藍鷹	15	35	55	75	95	115	135	155	175	195	215	235	255
16 黃戰士	16	36	56	76	96	116	136	156	176	196	216	236	256
17 紅地球	17	37	57	77	97	117	137	157	177	197	217	237	257
18 白鏡	18	38	58	78	98	118	138	158	178	198	218	238	258
19 藍風暴	19	39	59	79	99	119	139	159	179	199	219	239	259
20 黃太陽	20	40	60	80	100	120	140	160	180	200	220	240	260